丽 江 地 景

•丽江旅游地质文化

杨世瑜　编著

北　京
冶 金 工 业 出 版 社
2018

内 容 提 要

丽江是丽江古城世界文化遗产、三江并流世界自然遗产、东巴文化世界记忆遗产的世界遗产旅游地。本书从旅游地质文化的视角展示了丽江大地的地质文化环境、古今演变、现今大地、人地耦合、地域标志；以旅游文化与地质科普文化融合，介绍了绚丽多彩的丽江旅游地质景观。

本书可作为旅游地质文化教学参考书，也可供旅游文化爱好者、旅游地质文化探索者、丽江旅游者阅读参考。

图书在版编目(CIP)数据

丽江地景：丽江旅游地质文化/杨世瑜编著．—北京：冶金工业出版社，2018.5

ISBN 978-7-5024-7677-9

Ⅰ.①丽…　Ⅱ.①杨…　Ⅲ.①旅游资源—地质—文化—丽江　Ⅳ.①F592.774.3

中国版本图书馆 CIP 数据核字(2018)第 078785 号

出 版 人　谭学余
地　　址　北京市东城区嵩祝院北巷 39 号　邮编　100009　电话　(010)64027926
网　　址　www.cnmip.com.cn　电子信箱　yjcbs@cnmip.com.cn
责任编辑　杨盈园　美术编辑　杨　帆　版式设计　孙跃红
责任校对　王永欣　责任印制　李玉山
ISBN 978-7-5024-7677-9
冶金工业出版社出版发行；各地新华书店经销；固安华明印业有限公司印刷
2018 年 5 月第 1 版，2018 年 5 月第 1 次印刷
787mm×1092mm　1/16；12.75 印张；307 千字；196 页
36.00 元

冶金工业出版社　投稿电话　(010)64027932　投稿信箱　tougao@cnmip.com.cn
冶金工业出版社营销中心　电话　(010)64044283　传真　(010)64027893
冶金书店　地址　北京市东四西大街 46 号(100010)　电话　(010)65289081(兼传真)
冶金工业出版社天猫旗舰店　yjgycbs.tmall.com

前 言

云南西北部的丽江，传统的县域为历史上20世纪的丽江纳西族自治县的县域，包括现今的玉龙纳西族自治县和古城区。

丽江地处青藏高原与云贵高原过渡地带，三江褶皱系、松潘-甘孜褶皱系与扬子准地台地质构造单元的接壤部位。是一个经历多构造旋回沧桑演变，至今仍处地壳活动的地段。丽江大地形成了多类型的地质景象，构成了丰富多彩、地域特色突出的旅游地质景观，与丽江璀璨的人文旅游资源相互辉映，构成了自然与人文耦合协调、原生态自然优美、地域特色浓郁的高品级旅游地。

丽江大地是拥有世界文化遗产丽江古城、世界自然遗产三江并流、世界记忆遗产东巴文化三桂冠，拥有丽江古城、玉龙雪山国家5A级旅游景区的世界遗产旅游地。

复杂多样的生态地质环境是丽江自然旅游资源之本，丽江大地极其丰富别致的地质奇观是旅游景观之魂；优美的生态地质环境，人类活动与自然环境的融合，丽江原住民创造了天地人合一、人地和谐，地域文明集萃的旅游地质文化。

旅游地质文化是地质资源旅游资源化社会化的重要形式；是将地质专业知识转化为科普知识，发掘地质内涵为旅游文化，展示旅游地特色，塑造旅游地旅游地质品牌的重要方式。

丽江地质景观旅游价值的发掘，旅游地质文化的发掘，将为丽江旅游文化增添浓郁的地域文化底蕴，将为丽江旅游品牌增添异彩。丽江旅游地质文化的发掘，也将为旅游地天地人合一的地域旅游文化品牌塑造进行有益探索。

《丽江地景·丽江旅游地质文化》力求融合学术性-科普性-旅游文

化性，探索地质知识/地质景观社会化，为丽江旅游提供知识性-趣味性-可读性的、天地人合一、人地和谐的地质综合文化。

《丽江地景·丽江旅游地质文化》的文体采用主体纪实-释义-扩展阅读结构：

（1）主体纪实。纪实性地叙述丽江地质景观及其内涵。

（2）释义。与丽江地质地景及其内涵相关联的地质科普知识。

（3）扩展阅读。丽江地质地景及其内涵相似的景观景象参照对比式引申的景观/视域。

《丽江地景·丽江旅游地质文化》文体是尝试性的探索。限于作者相关知识不足，难免存在诸多不足，敬请读者指正。

作　者

2017年10月于昆明理工大学

目 录

I 地质文化环境篇·丽江旅游地质文化环境 …… 1

丽江地质文化环境概况·生态地质环境 …… 3

丽江地质文化环境概况·遗产旅游地 …… 10

II 古今演变篇·丽江大地沧桑演变 …… 21

江河大拐弯·金沙江丽江河段大拐弯 …… 23

长江第一湾·新构造运动的标记 …… 26

拉分盆地·拉分中长大的丽江坝子 …… 34

III 现今大地篇·丽江第四纪地质造型 …… 39

山岳·玉龙山系与老君山系 …… 41

江山·江山盆怀抱中的丽江古城 …… 46

断陷盆地·菱形网络结构景观 …… 49

湖盆·断陷岩溶造就的山间湖盆 …… 51

泉潭·地下溢流的水 …… 62

雪山·碧雪峰岭玉龙山 …… 73

峡谷·冰河江水叠切虎跳峡 …… 88

丹霞·丹霞凝聚老君山 …… 97

岩溶·湖盆洼地落水洞 …… 109

冰川湖群·冰雪遗迹老君山 …… 114

崩滑·崩滑造势虎跳峡 …… 117

躁动·地壳活动激活地震 …… 124

IV 人地耦合篇·丽江大地人地耦合地质文化 …… 129

“丽江人”·古人类活动遗迹 …… 131

岩画·远古人类遗迹 …… 135

石刻碑雕·以石为材的刻雕 …… 141

石质建造·以石为材的建造 …… 145

石头城·依石就石古村落 …… 151

东沙河·古水利工程遗存 …… 158

关隘·不用城墙的古城门户 …… 162
石材·地域标识的石料 …… 169
雪山文化·地质景象衍生文化 …… 173
《印象丽江》·地质实景演艺文化 …… 175

V 地域标志篇·丽江特色旅游地质文化域 …… 179

特色地质景观·旅游地特色地质景观单元 …… 181
古城地质文化·基于生态地质环境的旅游文化 …… 183
遗产景观文化·丽江地景旅游精品地标 …… 188
遗产地品牌文化·丽江世界遗产地地域文化标识 …… 191

参考文献 …… 195

后记 …… 196

I 地质文化环境篇

·丽江旅游地质文化环境

丽江地质文化环境概况

• 生态地质环境

丽江地质文化环境概况

• 遗产旅游地

丽江地质文化环境概况
·生态地质环境

丽江地处三大大地构造单元接壤地带，又是新构造运动活跃的部位。复杂的地质构造形成了多样性的生态地质环境和地质景观，孕育了丰厚的旅游地质文化源泉。

纪　实

◆纪实 ◇ 1　地质构造环境

丽江位于三江褶皱系、松潘-甘孜褶皱系与扬子准地台接壤部位（图 1-1），区域性北东向金棉-小金河断裂（在丽江市地段又称剑川-丽江断裂）穿过丽江。第四纪以来，北东向金棉-小金河断裂、南北向金沙江断裂带玉龙山麓断裂和北西向中甸-大具断裂继承性活动，影响丽江盆地的形成和发展。

扬子准地台西部边缘为古生代和中生代的台缘坳陷带浅海滨海相碳酸盐建造与砂泥质建造；北部松潘-甘孜褶皱系南缘，为古生界中泥盆统至下二叠统地台型浅海碳酸盐建造与砂泥质建造，上二叠统半深海相复理石建造和基性、中基性火山岩建造；下、中三叠统浅海相砂泥质建造和碳酸盐建造（局部夹中基性火山岩建造），上三叠统砂泥质建造。丽江地区印支末期至燕山期隆起，喜山期在山间盆地中堆积有始新统磨拉石建造、上新统含煤建造和第四系陆内碎屑建造。

丽江岩浆活动除晚二叠世玄武岩外，仅沿邻近的剑川-桥头断裂带、剑川-丽江断裂带有零星华力西期镁铁质岩体和印支期基性岩脉出露。

丽江构造形变以印支期近南北向的褶皱和断裂为主，喜马拉雅期有褶皱和断裂叠加，褶皱构造主要有玉龙雪山复背斜、九子海复向斜及拉市海复向斜，断裂构造主要有玉龙雪山东麓断裂带和金棉-小金河断裂。晚第三纪形成上新世夷平面。第四纪新构造运动阶段发育断块差异活动和断陷盆地。

丽江盆地受断裂构造控制，金沙江断裂带的南北向玉龙雪山东麓断裂导致东侧断块下降，西侧断块上抬，断块式升降，形成南北向长 40km，沉积厚度逾 1200m 的断陷槽地。盆地南部同时还受北东向金棉-小金河断裂的控制，南盘东移，盆地南部不断向东扩张

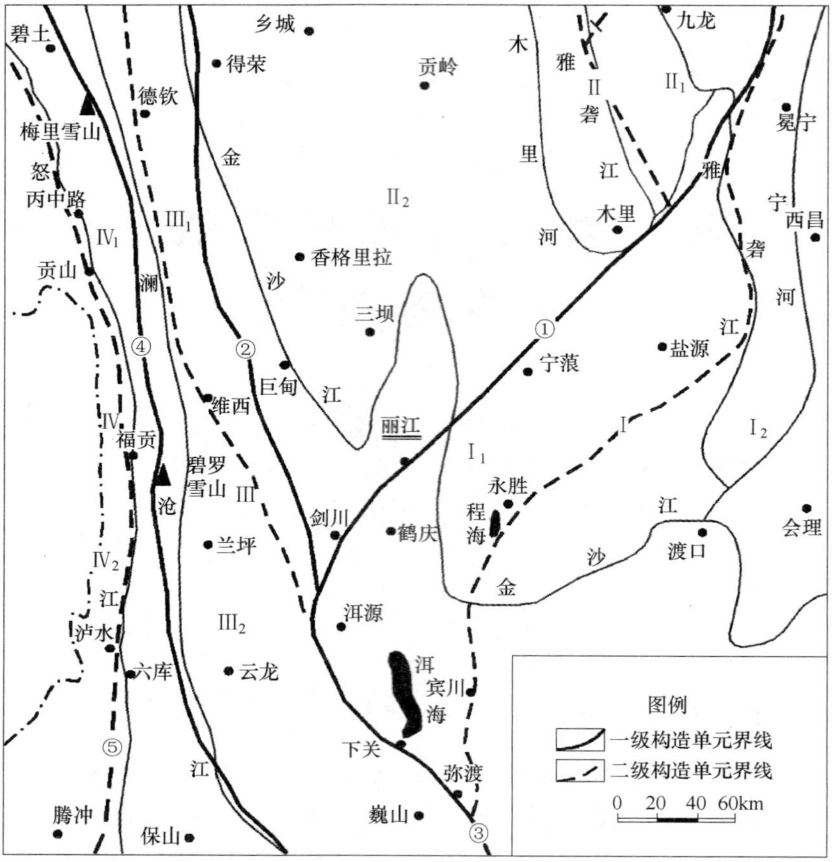

构造单元区划

一级构造单元	二级构造单元
Ⅰ扬子准地台	$Ⅰ_1$丽江－盐源褶皱带、$Ⅰ_2$川滇台背斜
Ⅱ松潘－甘孜褶皱系	$Ⅱ_1$九龙－雅江褶皱带、$Ⅱ_2$中甸－义敦褶皱束
Ⅲ三江褶皱系	$Ⅲ_1$云岭褶皱带、$Ⅲ_2$兰坪－思茅褶皱带
Ⅳ高黎贡山褶皱束	$Ⅳ_1$梅里雪山－保山褶皱带、$Ⅳ_2$贡山－腾冲褶皱带

主要断裂

① 金棉－小金河断裂
② 金沙江断裂带
③ 红河断裂带
④ 澜沧江断裂带
⑤ 怒江断裂带

图 1-1 丽江市邻近区域地质构造图

7km，北部边界明显受金棉断裂左旋扭动滑移控制（图 1-2）。

丽江古城所处的丽江盆地周边展布古生代二叠纪和中生代三叠纪沉积岩建造、峨眉山玄武岩岩系。丽江盆地可分为西部南北向延伸的白沙盆地，南部向东扩展的金山盆地，二者在丽江南部相连，共同构成北窄南宽的丽江盆地。盆地海拔 2000～2370m，北高南低，以湖相和河湖相沉积物为主。

◆纪实 ◇ 2 活动性构造

晚更新世以来，影响丽江地质构造、强烈活动的断裂有：近南北向剑川－桥头断裂、玉龙雪山西麓断裂、玉龙雪山东麓断裂、北东向丽江－剑川断裂、鹤庆－洱源断裂，北西向

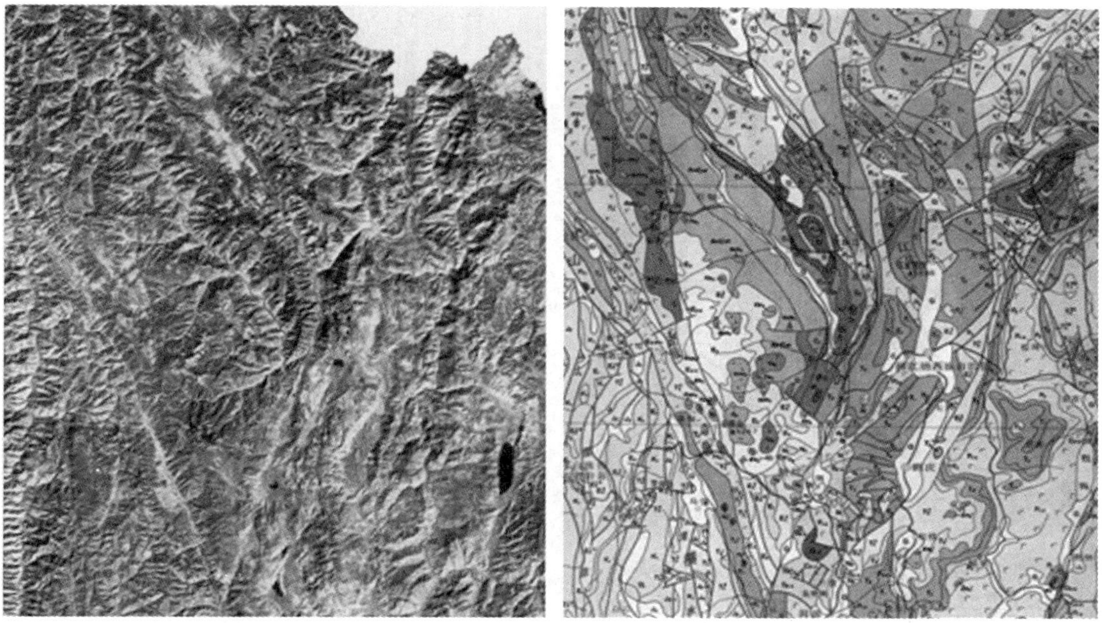

图 1-2　丽江遥感影像及地质略图

大具-大东断裂，并形成菱形断裂系统（图 1-3）。

近南北向延伸的玉龙-哈巴雪山断块隆起和近东西向延伸的太安-关坡隆起两个隆起区，从更新世一直延续到现代强烈活动。强烈的新构造运动表现为山地与谷地（或盆地）差异活动，间歇性抬升和断块间的差异运动，高原面解体形成了高原面-侵蚀谷坡-谷地和山间盆地三台阶地貌。玉龙雪山海拔为 5596m，盆地海拔为 2300～2700m，高差约为 2800～3200m。

强烈的新构造断块差异活动使丽江、拉市、大具、七河等第四纪断陷盆地内形成厚大的第四系沉积。丽江盆地总体受近南北走向的玉龙雪山东麓断裂带控制，受近南北、北东及北西向菱形断裂制约，盆地边缘呈折线状。盆地形成过程中受北东向金棉断裂左旋扭动滑移，导致其南北两侧盆地形态、厚度、沉积相的明显差异。

现今的活动性构造影响活动性构造地域的生态地质环境。

◆纪实 ◇ 3　丽江区域生态地质环境

□　横断山脉中的南北向山间盆地

丽江位于滇西北横断山系，怒江、澜沧江、金沙江三江并流的峡谷高山相间发育。南北向延伸的地形地貌紧密排列，造就了独成体系的生物多样性、地质多样性、自然环境复杂的立体地貌、立体生态、立体气候。位于三江并流东部的丽江盆地，是横断山脉南北向山间盆地。

丽江位于云贵高原西缘，青藏高原横断山脉侵蚀高原区。总体地势西北高而东南低，最高海拔点为玉龙雪山主峰，海拔 5596m，最低海拔点为金江乡的金沙江出境处，海拔 1219m。

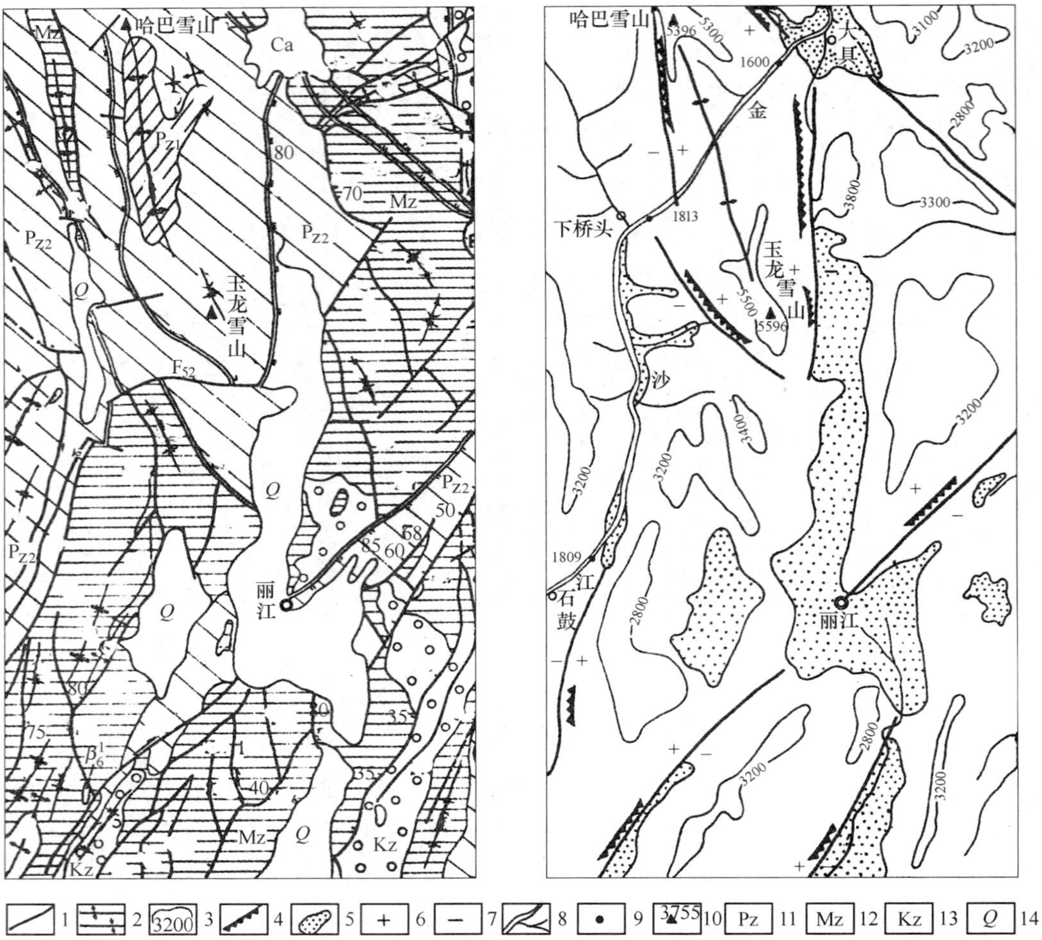

图 1-3 丽江古城邻近活动性构造略图

1—活断层；2—背斜/向斜；3—残留夷平面及高程；4—断层崖；
5—第四纪沉积区；6—上升区；7—下降区；8—河流；9—河流高程点；
10—山峰高程点；11—古生界；12—中生界；13—新生界；14—第四系

○ 大理-丽江拉分盆地群

滇西北大理-丽江地区呈南北向带状展布的第四纪盆地——山间“坝子”，是具有一定的排布规律的山间盆地群。西为剑川-洱源盆地带，中为丽江-鹤庆盆地带，东为永胜-宾川盆地带，三个盆地带与其间的脊状山岭相间平行展布，呈现地貌反差强烈的带状山脉盆地景观。

大理丽江盆地群多有陡峻的高山或陡坡为盆地边界，多具较规则的形态；多沿南北向谷地呈长条形，或呈串珠状排布，或呈斜列排布。通常规模不大，但沉积厚度较大。这些盆地是在新生代印度板块向北推挤产生南北向主压应力的区域应力场，区域性的金沙江-红河断裂带右行走滑活动形成的走滑-拉张盆地。在北东向金棉-小金河左行走滑断裂带的共同作用下，形成丽江拉分-断陷-溶蚀盆地。

○ 拉分中长大的金山盆地

丽江盆地北起玉龙山东麓，南至五台山麓，呈南北向延伸的丽江古城以北白沙坝子（白沙盆地），长40km，宽3~5km。至丽江古城盆地向东扩伸约7km至团山，东界向南终止于七河关坡的东坝子（金山盆地），南北长约14km，东西宽约11km。整个丽江盆地似“h”状。

□ **金沙江环绕中的丽江江–山–盆层圈结构核心区**

三江并流的金沙江从北向南流至石鼓，与怒江澜沧江分道扬镳折向北形成向南突出的长江第一湾，向北流约100km抵三江口，又以近180°转弯急转南下约100km，金沙江石鼓–三江口–金安大转弯包容了丽江玉龙雪山及其紧邻山体组成的丽江玉龙雪山山系。

石鼓–三江口–金安的金沙江深切河谷呈带状包围玉龙雪山山系，其间又包裹丽江盆地，组成江河（金沙江）–山体（玉龙雪山山系）–盆地（丽江盆地）丽江江–山–盆层圈状结构。

丽江盆地的江河（金沙江）–山体（玉龙雪山山系）–盆地（丽江盆地）丽江江–山–盆层圈状结构，构建了丽江独特、优美的自然景观、生态环境和造就了独特的丽江民族文化基础。

丽江江–山–盆层圈状结构的飘带状金沙江水系的环绕，使丽江有丰富的水资源、水能。环盆地周边山体，使丽江有足够的汇水面积、植被茂密的群山构成丽江绿色水库、绿色氧吧，丰富的山地资源。

◆纪实 ◇ 4 旅游地质景观

丽江复杂多样的生态地质环境造就了丽江丰富的高品位旅游地质景观。如玉龙雪山雪山冰川景观、黎明高原丹霞景观、金沙江“长江第一湾”、虎跳峡大峡谷。

基于优美的生态环境，丽江原住居民，创造了多样性的旅游地质文化。如宝山石头城依山就石的石文化、“丽江人”及石器时代的古人类文化、依地势就水系的丽江古城地质文化。

释 义

◆释义 ◇ 1 地球演化及其形迹

□ **地球层圈结构**

由于组成地球的物质、物态差异，异质性、不均匀性，地球总体具有圈层结构。地球圈层结构按地面的上、下分为外部圈层和内部圈层。从外部向内核分别为：

○ 外部层圈

· 大气圈：地表以上到16000km高空。

· 水圈：地球表层呈液态或固态水的河湖、冰川、海洋及地下水分布的层圈。

· 生物圈：地球表面生物存在和活动的范围。

○ 内部层圈

·地壳：地球莫霍面以上的固体硬壳岩石圈上部薄壳，主体为硅铝质硅酸盐类岩石。约占地球体积的0.5%。

·地幔：地球莫霍面以下至古登堡面间层圈。主体为镁铁质硅酸盐类岩石。约占地球体积的82%。

·地核：古登堡面以下至地心。主体为含铁镍硅酸盐熔融态。

地壳是地球岩石圈的固体硬壳体。地壳主体由硅酸盐类组成，但其岩石类别在地壳各部位千差万别；地壳厚薄在地壳各部位差别甚大，海洋部分（洋壳）平均厚7km，而陆地部分（陆壳）平均厚达37km，中国的青藏高原厚达70km。

□ **地球演变五大阶段**

根据现今的地质研究成果、地球演变历史，从老到新经历了五大演变阶段：

太古代	太古老时代
元古代	元古老时代
古生代	地球出现古老生命的历史阶段
中生代	地球生命发展承前启后的阶段
新生代	地球生命发展的新时期

地球发展的地质时期以地层单位宇、界、系、统、阶，及所对应的地质时代宙、代、纪、世、期，采用五级划分年代地层单位和地质时代单位。

□ **地球演变七个地质构造旋回**

已知的地球46亿年的地质作用演化过程，历经了全球性的构造运动剧变和缓变交替出现的七个构造旋回，以我国幅域上代表性的构造运动为例：

太古代旋回	距今约25~30亿年
元古代旋回	距今23亿年吕梁运动，18亿年的五台运动
震旦-加里东旋回	距今8亿年的晋宁运动，4亿年的加里东运动
海西（华力西）旋回	上古生代末的海西运动，距今2.5亿年
印支旋回	三叠纪末的印支运动，距今2.27亿年
燕山旋回	白垩纪末的燕山运动，距今0.65亿年
喜马拉雅旋回	新生代的喜马拉雅运动

每一构造旋回都形成一套由当时古地理环境所决定的地层岩性及古生物沉积岩建造、岩浆岩建造和变质岩系；形成一套由构造运动的特点及卷入的地层岩性特点所决定的构造形迹。每一构造旋回的沧桑巨变特征都由地质构造形迹所记录，现今仍留存地质构造形迹（地质遗迹）。

□ **地质年代**

地球发展演化历史阶段、地质事件时间、地质体形成年代时间。用记载地球发展的地质证据综合成地球演化时间序列的地质年代作为地质年代时间标尺。

地质年代通常用具有一定对应关系的地层时代单位、年代地层单位、岩石地层单位作为地质年代的时间单位（表1-1），并用此统一全球、地域、局部的地质体/岩石地质单位划分对比的标尺——地质年代表（表1-2）。

表 1-1 地质年代时间单位序列

单 位	年 代 序 列				
地质时间单位	宙	代	纪	世	期
年代地层单位	宇	界	系	统	阶
岩石地层单位	大群	群	组	段	层

表1-2 地质年代简表

地 质 年 代				距今年龄值/Ma
宙	代		纪	
显生宙 PH	新生代 Cz		第四纪 Q	2.60
			新近纪 N	23.3
			古近纪 E	65
	中生代 Mz		白垩纪 K	137
			侏罗纪 J	205
			三叠纪 T	250
	古生代 Pz	晚古生代 Pz2	二叠纪 P	295
			石炭纪 C	354
			泥盆纪 D	410
		早古生代 Pz1	志留纪 S	438
			奥陶纪 O	490
			寒武纪 ∈	543
元古宙 PT	新元古代 Pt		震旦纪 Z	680
				1000
	中元古代 Pt			1800
	古元古代 Pt			2500
太古宙 AR	晚太古宙 Ar			2800
	中太古宙 Ar			3200
	古太古宙 Ar			3600
冥古宙 HD				4600

注：据全国地质委员会《中国区域年代地层（地质年代）表》说明书（2002）简化。

丽江地质文化环境概况·遗产旅游地

纪实

◆纪实 ◇ 1　人文环境

丽江是拥有世界文化遗产（丽江古城）、世界自然遗产（三江并流）、世界记忆遗产（东巴文化）的世界遗产旅游地。

丽江古城紧邻玉龙雪山、虎跳峡、老君山-黎明丹霞、长江第一湾等高品级、多类型、结构紧凑浓集的旅游景观。丽江是世界品牌遗产旅游地。

丽江丰厚的地质文化源泉和高品级品牌的人类文明淀积，造就了丽江地域特有的世界品牌的遗产旅游地。

丽江北缘的金沙江古称丽水。纳西语称丽江为“依古堆”，意为金沙江转弯的地方。

丽江位于青藏高原东南缘，横断山脉东部，云岭山脉的老君山山系、玉龙山山系、滇西北中部。

金沙江由北向南流经丽江石鼓大拐弯向北流，形成“长江第一湾”，西系老君山，东系玉龙雪山。再向北至奉科又急转向南流，环绕玉龙山系，丽江水系主体属金沙江水系。

丽江大体以老君山主山脊为西界，金沙江为北界和东界；以丽江坝子向南下降为鹤庆坝子的地带为南界。老君山山系与玉龙山山系之间南北向开阔谷地为地史上“长江第一湾”形成前金沙江南流的河道。

丽江山地植被茂盛。玉龙山系南段群山怀抱中分布有丽江盆地、拉市盆地等盆地群，多伴有湖泊；沿金沙江主河岸侧常常构成有大小不等的台地群。盆地台地常常成为农耕及民居聚集地段。

从总体上看，丽江以北为藏族聚居区，以南为白族聚居区，以东为汉族聚居区。丽江处于藏、白、汉三个民族交汇金三角区。丽江世居民族以纳西族为代表，其次有白族、傈僳族、藏族、汉族。

历史上，距今5~10万年的“丽江人”遗址开始，丽江遗存有旧石器、新石器、青铜器各石器以来的人类活动遗迹。有史记载以来，先后归属越简郡、云南郡；宋代属大理国；元设宣慰司、丽江路军民总管府；明设丽江府、丽江军民府；明皇帝赐丽江纳西族首领阿得木姓；清雍正元年实行“改土归流”，改土司制为流官制；民国初年，改府设县。自此，丽江县域基本稳定。1958 年设丽江纳西族自治县，2002 年分设为玉龙纳西族自治县和古城区。

丽江原生态自然优美，灿烂的地域文化与之交相辉映。拥有世界文化遗产、历史文化名城丽江古城；世界自然遗产三江并流；世界记忆遗产东巴文化。拥有丽江古城、玉龙雪山国家 5A 级旅游景区。拥有类型多样的特色旅游地质景观（图 1-4）。

图 1-4 丽江旅游地质景观/地质遗迹略图

◆纪实 ◇ 2 云南丽江古城世界文化遗产

丽江古城位于滇西北横断山脉的山间盆地，择址狮子山东麓，坐西向东，背山面川，依山就势而建。始建于宋末元初（公元 12 世纪末 13 世纪初），至今已有 800 多年的历史，面积 3.8km^2。丽江古城大研镇自古为地域政治经济文化战略重镇，是茶马古道的重要驿站。

古城街巷纵横交织，四方街为网络中心，向四周散射。图案雅致的五花条石铺饰街道。民居多为三坊一照壁、四合五天井、前后院、一进两院格局，庭院整洁宁静祥和，精巧独特。穿斗式木结构使古城历经多次地震，饱经沧桑而保存完好（图 1-5）。

图 1-5　依山而建的丽江古城和民居景观

古城玉河水系源自城北黑龙潭，在城北缘分三河穿城，河、街、巷相伴，水网路网与民居傍依，300 余座石桥木桥跨水连街，小桥流水，绿柳傍河。三眼井用水模式、城镇水路系统至今完好适用。构成人与自然温馨谐和的人居生态环境。

丽江古城拥有鲜明特色和风格的大研古镇、白沙、束河民居建筑群；拥有世界上唯一活着的象形文字、东巴经、东巴绘画、东巴祭祀仪式组成的东巴文化，纳西古乐、白沙壁画等地域特色民族文化。

丽江古城巧妙地融合人居环境、城镇建筑风格、地域历史文化、民族艺术内涵为一体；是自然与人文美、艺术风格与经济适用、民居与城镇功能的有机统一体；完美地保存了古朴的历史风貌，是具有较高的整体综合价值的历史文化名城。

1986 年丽江古城列为国家历史文化名城；1998 年，根据《世界遗产公约》的文化遗产评选标准 C（Ⅱ）（Ⅳ），联合国教科文组织将丽江古城列入《世界遗产名录》。

◆纪实 ◇ 3　东巴文化世界记忆遗产

东巴文化是由东巴世代传承下来的纳西族古代文化。东巴文化主要包括东巴文字、东巴经、东巴绘画、东巴音乐、东巴舞蹈、东巴法器和各种祭祀仪式等。2003 年入选世界记忆遗产。

东巴文是纳西族信奉的原始宗教东巴教祭司东巴、东巴经（经书），传承使用的一种原始的图画象形文字。创始于唐代，已有 1000 多年的历史，至今仍使用流传于东巴文化活动及东巴文化研究者、喜好者。集歌、舞、经、书、史、画、医于一体的东巴教祭司“东巴”，是东巴文化的主要传承者。东巴教进行宗教仪式过程中东巴音乐舞蹈有神舞、鸟兽虫舞、器物舞、战争舞、踢脚舞。

《东巴经》是纳西族的东巴教祭司使用的宗教典籍，世代传承下来的尚存 2 万余卷。内容涉及传统的历史、哲学、社会、宗教、语言文字，以及音乐、美术、舞蹈等，被誉为“古代纳西族的百科全书”。《东巴经》由东巴文字写成。东巴文字有 1400 多个单字，2000 多个字符，被称为“唯一活着的象形文字”“活化石”。

东巴文早期出版物有《么些研究》（法国学者巴克）、《纳西语英语百科词典》（美国学者洛克）；《么些象形文字字典》（中国学者李霖灿）、《纳西象形文字谱》（中国学者方国瑜）等。

◆纪实 ◇ 4 丽江寺观及古迹

以丽江古城为丽江民族文化中心/根基的丽江盆地及其周边，构建了历史久远的庙宇文化，如盆地北端的玉峰寺、福国寺，盆地南端的文峰寺，盆地东山的玉皇阁，是丽江文化精髓淀积的标本。

丽江庙宇的选位，多嵌布于丽江的“名山”，多具有地形地貌上“风水”景观内涵。基于丽江的气候环境、山水布局，在丽江“名山”中的庙宇多布于“名山”的半山腰略显平坦、略具座椅状的“风水宝地”，文峰寺、普济寺、法喜寺（一碗水）皆是；有的则布于山体顶部“平台”，如狮子山上的净莲寺、龟山上的金山寺。震青山顶的玉皇阁雄踞丽江地域南部山势陡峻的高山之巅，具有丽江境内可攀登、东可观龙山万亩杜鹃、邻近山域，西可远眺丽江群山、可俯视丽江古城、丽江盆地、具有民族凝聚力的唯一能总览“秀丽江山”优势的“名山”。因此，过去的玉皇阁虽然规模不大、登山的路途艰辛，却是丽江民众总想登巅朝圣的目的地。现今，金山寺、法喜寺、玉皇阁等仅存遗址。

□ 丽江古城西玉龙山古寺观群

○ 玉峰寺

玉峰寺位于丽江盆地北端玉龙雪山南麓。

玉峰寺建于清朝康熙三十九年（公元1700年），历史上规模最大时有9个院落，现存大殿及上下两院。玉峰寺大殿院为四合院布局，由门楼、大殿及两厢组成。

寺周松柏茂密，泉水潺潺，汇集成潭，风光秀丽。寺院内外种有山茶、樱花、含笑（十里香）、山玉兰（夜合欢）等名贵花木。

玉峰寺内的山茶树“万朵山茶”植于康熙年间，至今已有300年；玉峰寺万朵山茶花期甚长，每年立春至立夏节令100多天，开放20多批，两万余朵；与下院两株搭成牌坊的云南含笑齐放，清香长飘古刹。玉峰寺山茶花树高约3m，主茎粗如厦柱，枝干盘纽错综，巧妙地编织成三坊一盖的大花棚，前面长4m，两侧各有3m多，顶上是面积达40多m^2的花盖，冠幅达56m，几乎遮满了整个院落。玉峰寺山茶花一树两品，红花油茶和多瓣狮子头并杂开花。狮子头花大如七寸瓷盘，色如玫瑰般艳丽，并蒂而开，九丛花蕊，十八瓣花瓣，人称“九心十八瓣”；红花油茶单朵开放，颜色深红，俗称“照殿红”“童子面”。两种茶花并杂一树，花开时节，远望像大树霞林，加上雪峰衬托，呈现出“树头万朵齐吞火，残雪烧红半个天”的奇景。

○ 福国寺

福国寺始建于明朝万历二十九年（公元1601年），最早为木氏土司的家庙。为汉传佛教禅寺，寺名“解脱林”，后由明熹宗朱由校赐名为“福国寺”。为丽江第一座藏传佛教寺院。

明崇祯十二年（1639年）丽江土知府木增于福国寺东堂五凤楼前接待旅行家徐霞客，出示其所辑《云荳淡墨》集并求序。徐霞客住宿于南庑八日，还考察了丽江附近风物名胜。

清同治甲子年（公元1864年）正月福国寺毁于兵火，光绪八年（公元1882年）重建。该寺被毁后，只遗存了“五凤楼”与“解脱林”的门楼，于1979年迁至丽江城内的黑龙潭公园，并被列为云南省重点保护文物。

○ 普济寺

普济寺坐落在丽江古城西普济山山腰。

普济寺分两院，为清代乾隆年间的建筑。大殿内有两棵著名的云南樱花，树粗一人抱不过来，一左一右，枝丫盘曲，犹如两条蛟龙，遮满了大殿的庭院。

○ 指云寺

指云寺位于丽江古城西拉市坝拉市海边山麓。建于清雍正五年（1727 年）。该寺原有 13 院，现存 1 个大院及 5 个小院。大院为二进院落，佛殿平面呈长方形，阔五间，三重檐楼阁式建筑，正中为四方形钻尖顶阁。底层为法堂，上两层为藏经楼。

指云寺在清代咸、同年间的“乱世十八年”战争中被毁坏。光绪五年（1879 年）重建。重修后的大寺，大门及大殿坐西朝东，大门上方悬挂绿底“指云寺”匾额。

大殿殿高 13m，门窗雕刻精美，技法娴熟，三层透漏。殿中央塑有释迦牟尼佛像，两旁塑有多尊佛像，左边有个十五世东宝活佛的灵塔。大殿东北角有喇嘛住的院落。院内客厅楼上塑有一尊开山祖罗僧的泥塑像。大殿西南是三坊一照壁的护法堂，堂里塑有护法神，有很多唐卡画。

在东面照壁前面有一棵百年银杏，大殿内有树形优美的 180 年古松，200 年的樱花，大殿右侧山上，还有棵古桑树。

○ 文峰寺

文峰寺位于丽江古城西南海拔 3465m 的文笔山。始建于清雍正十一年。乾隆四年（1739 年）和道光八年（1828 年）部分增修。藏名桑纳迦卓林（意为秘密宗教机关和幸福乐园的喇嘛寺）。

文峰寺原有大殿 5 院，僧房 24 院。现存主体建筑大殿和僧房 2 院。大殿为三重檐楼阁式建筑，顶层屋顶为四角攒尖顶，形如四方亭阁。

寺周风景秀丽古树名木参天蔽日，山泉从石缝间涌溢，汇成溪流。

文峰寺是著名的佛教圣地，丽江文峰寺不仅在西藏、青海、四川、云南等佛教中有较大影响，在印度、尼泊尔、缅甸等国佛教界中也有一定的影响。文峰寺后面有一灵洞，洞旁建有静坐堂，是滇西北红教 13 个喇嘛寺的最高学府。据称佛门钥匙，存放于灵洞侧的一道岩缝中，藏族信徒每到鸡足山朝拜，都先到这里来叩拜，称为“借钥匙”，归来时往岩缝中放下 1 粒小石，以示送还。寺中有一年代久远的铜鼓，现珍藏于县博物馆。还有一卷法堂画，长四丈，宽一丈余，是名师整整画了三年才完成的，这幅画只有重要的节日或迎送高僧活佛时长燃香火，鼓乐齐鸣，拿出展示。大殿北边廊柱间，垂挂着一口清初铸造青铜钟，重达 200 多 kg。

1956 年 8 月，释迦牟尼的舍利（佛牙）从缅甸接回我国，曾在文峰寺供奉 17 天，寺内举行过盛况空前的迎佛牙宗教活动。1986 年 10 月 19 日，全国人大常委会副委员长班禅大师亲临文峰寺，赠送了“上师本尊诸菩萨画像”11 幅及其本人大幅肖像等物，并题写了藏文寺名“法雨林”。1992 年中国佛教协会会长赵朴初也为文峰寺题写寺名。

○ 北岳庙，大宝积宫，大觉宫，大地阁，龙泉三圣宫

□ **丽江古城东震青山古寺观群**

○ 金山寺

金山寺位于金山坝子东南角石灰岩低丘龟山，又称龟灵山；金山寺又称灵龟寺。金山寺始建于明代成化十八年（1485 年）。道光三年（1823 年），清咸丰同治年间，民国初年几经重修，成为丽江境内汉传佛教最早传入而规模最大、香火最旺的佛教禅林之一。

金山寺坐南朝北，殿阁宏丽，层台高拱，居高临下，气势雄伟。有大殿、中殿、门楼、方丈祖堂，东西厢房。从山脚到山门有32级青石台阶，山门两侧青瓦红墙，上书“山门永镇、佛法常兴”；大门两边“哼哈二将、威猛剽悍”分立左右。门内正中神龛上弥勒佛，弥勒佛背后，韦陀菩萨面朝观音殿。中殿—观音殿正中千手千眼观音菩萨塑像，高十余米，金身跣足、合掌坐于莲座上，五百罗汉塑像分列观音殿东西两壁。大雄宝殿雄峙于高台基上，大殿正中为三世佛全身坐像，中间是毗卢那遮佛（法身佛），左边是卢舍那佛，右边是释迦牟尼佛。大殿两侧，各有一尊神像，左为达摩祖师，右为伽蓝菩萨。正殿东西两厦，分别为钟亭、鼓房。大殿后面禅房，后院辟厢房开办学堂，最多时学生人数达到五六十人。

金山寺主持正修和尚，法号真空曾到昆明筇竹寺学经深造，又在昆明药师院进修，后又云游各地，先后参拜了峨眉、五台、九华、普陀、天台、武当等名山胜迹，最后到达北京龙泉寺，博学佛经，取得传戒资格。光绪末年，正修和尚将金山寺由封闭型的寺院改建为向全国僧人开放的十方禅林，修筑戒台，并首次在丽江举行盛大隆重的传法受戒仪式。民国初年被推举为云南佛教会分会长。

○ 东山庙

东山庙位于金山坎北东缘，震青山西麓山脚，古称吴烈山神祠。始建于明代，乾隆二年改建，题额“风雨以时”，后经过多次修葺和拓建。东山庙现仅遗存不完整院落、古树和泉水。

东山庙是金山白族供奉本主“东山老爷”的庙宇。每年农历二月初八，金山白族都要举行“东山庙会”祭祀本主“东山老爷”。近邻白族、纳西族等多民族都来祭祀和参加庙会。

东山庙供奉有白族崇奉的本主神。东山庙坐东朝西，由山门、过厅、大殿及南北各一厢，组成二进院落。庙前广场方圆数亩，西南正对庙门建有戏台。庙门门楣正中，高悬“帝出乎震”匾额。庙内挂有“神恩浩荡”“天佑下民”“风雨以时”等匾牌。大殿正中塑有灵山景帝东山老爷像。神龛前立猎神和畜牧神东山老爷卫士。正殿两侧厢殿为斗父斗母和药王菩萨神像。庙门两边塑着高头大马、小猴、猪等，由于东山庙里的神灵都跟老百姓的生产生活密切相关，烧香祭祀，香火十分兴旺。

每年农历二月初八及三月十三为东山庙会，会期各3天。每年由东坝子十八个白族村落分南、北、中三片轮流担任会首，主持祭祀本寺，迎神游乡、唱滇戏、跳神等各种活动，祈求风调雨顺、消灾赐福、五谷丰登、六畜兴旺、国泰民安。之后又抬着神像返回山庙。在古代，人们常在祭祀活动中歌舞狂欢，以愉悦神灵。以后逐渐形成庙会中的各种文娱活动。活动内容丰富多彩，具有浓郁的民族风情。庙会期间，东山庙要唱3天滇戏，还有各种打跳歌舞，更有各族歌手亮开金嗓、施展才华，尽情唱歌、对歌。农历三月十三也是，东山庙是大研、白沙、拉市等地群众到震青山朝山会的必经之地，届时，百众聚集、车水马龙、人流如织、热闹异常。

东山庙于2014年修复。

○ 法喜寺

法喜寺位于震青山西麓半山腰松柏环绕的宽阔台地中，寺前西南角，有一深约两尺形状似碗的清幽山泉，清冽甘甜，夏秋不溢、冬春不涸，故名“一碗水”。法喜寺又称“一碗水寺”，始建于乾隆年间（1745年），光绪年间重修。

法喜寺坐东朝西，二进院落。寺门门楣正中匾额“法喜寺”，两边为哼哈二将木雕像。大门神龛为弥勒佛坐像，背面为韦陀菩萨的立像。中殿楼上塑有“千手千眼”观世音菩萨像。大殿正中，塑有“三世佛”全身像，两旁的神龛有药王菩萨、开山祖师等像。后殿则塑有“送子观音”。前院南厢院落供善男信女食宿，北厢院落为大研镇屠宰会建，专备该行业每年庙会朝山布施之用。

每年农历三月十三，震青山朝山盛会，进香者成千上万，前后达十余天。法喜寺前彩楼、花棚、饭馆、茶馆，悬挂灯笼、旗幡。法喜寺是震青山朝山庙会，香客游人的中间站和宿营地。

○ 玉皇阁

玉皇阁又称玉皇殿，位于海拔 3267m 的震青山顶。始建于乾隆年间。

玉皇阁雄踞山势高峻的震青山巅，坐东朝西。由山门、正殿及南北厢殿组成石墙青瓦的四合院。正殿高峙，脊饰宝鼎，四角飞檐，十分壮观。大门，正中神龛上供灵官天尊塑像。正殿凌霄宝殿，正中供玉皇大帝，檐柱上挂对联“是圣是凡，三教原归一理；即心即佛，灵山岂在西方”。南厢殿内为斗父、斗母；北厢殿为日、月、星三光大帝神殿。

玉皇阁视野广阔，西可俯视丽江坝子湖盆、古城，文笔、马鞍朝晖夕阳，东可望群山龙山坝，观朝阳初升；南可望七河、鹤庆山河南延，北可望玉龙山系。

农历三月十三玉皇大帝的生日前后，丽江的大佛寺、龙泉寺、东林寺、皈依堂、金山寺、喜祇园等寺院僧侣，善男信女都要到震青山玉皇殿燃灯诵经。丽江坝、拉市、七河以及鹤庆等地的各族群众，也纷纷前往朝山拜佛、登山观日，成为丽江最热闹的庙会之一。

三月十三的震青山玉皇阁朝山庙会，天亮前从一碗水出发，沿千多级石阶坡路，吹奏各种乐器，敲打钟鼓锣钵，念佛唱拜，直拜到玉皇庙燃灯念佛，灯笼火把点亮了蜿蜒曲折的山路，朝山的人流像舞动的长龙。黎明前聚集震青山顶，登巅观日，寄托心灵，祈福平安。

□ **狮子山-蛇山古迹**

○ 大研古镇民居街巷古建筑群

·中河沿民居街巷建筑群

南门桥—关门口—四方街—玉河桥民居街巷建筑群

跨中河石拱桥群：双石桥、大石桥、万子桥、百岁桥、南门桥

·西河沿民居街巷建筑群

·东河沿民居街巷建筑群

○ 古迹古建筑群

黑龙潭（龙王庙寺、玉泉龙神祠），白马龙潭寺

木府，万德宫

万古楼，文昌宫

文庙，武庙，净莲寺

玉龙锁脉寺，玄天阁，普贤寺

◆纪实 ◇ 5 地质遗迹·国家地质公园

○ 云南丽江玉龙雪山冰川国家地质公园

○ 云南玉龙黎明-老君山国家地质公园
○ 丽江地域特色旅游地质品牌景观
黎明丹霞景观
玉龙雪山冰川景观
长江第一湾江河大拐弯景观
虎跳峡峡谷景观
老君山古冰川遗迹景观

释 义

◆释义 ◇ 旅游地质文化

旅游地质文化是地质文化与旅游文化的融合，以旅游文化的形式展现旅游地质资源/旅游地的地质文化，借旅游活动发掘和创新深层次的、新颖的、为旅游服务的地质文化，形成旅游地质文化。

基于旅游地质资源/地质体的旅游地质文化，可分为两个部分，一是作为旅游地的旅游地质资源/地质体所蕴含的旅游地质文化，二是由旅游活动所衍生的旅游地质文化。

○ 旅游地旅游地质资源/地质体所蕴含的旅游地质文化

· 基于地质体旅游地的旅游地质资源环境，释义旅游地地质资源地质景观的旅游地质文化，也是旅游景区旅游品质展示/宣传的重要内容；

· 旅游产业借助地质旅游地地质文化创建的旅游地质文化，显示旅游地所拥有的旅游文化；

· 与旅游地相关的旅游地质产品旅游文化的汇集与提炼，往往以旅游地质资源的品质用于旅游地品牌塑造，形成配套的旅游文化产品，是激活旅游者到旅游地旅游欲望的吸引力。

○ 旅游活动所衍生的旅游地质文化

· 旅游者在经历该旅游地的旅游体验后，由地质体旅游地所引发的旅游文化；

· 旅游者被旅游地质产品激活的旅游文化；

· 旅游者受到旅游地旅游文化的感染、激活，有感即发的旅游文化，常以文字、照片的形式在网络、在报刊中传播，在现今网络信息盛行的时代，网络成为旅游文化传播的最快捷、经济、方便的方式。

地质体旅游地的旅游产业的旅游地文化和旅游者的旅游文化，相互促进、相互激活，催生地质体旅游地的旅游地质文化繁荣。旅游地质文化能丰富和充实旅游地的内涵，提高旅游地的知名度，塑造旅游地品牌。

旅游地质文化可以地质文化要素的主体划分为地质元素/题材解析性文化和地质主题性文化两大类：

○ 地质解析性文化是以纪述解析地质体地质景观的地质属性/地质文化为主题的旅游地质文化。即基于地质实体实景的地质元素的纪实性、释义性、观赏性地质解析性文化。

○ 地质主题性文化是以地质体地质景观、地质旅游地的人类活动、人类地质文明淀积为主题的旅游地质文化，是人类与地质环境交融耦合，人地谐和的人类地质文明的旅游地质文化，是以地体石体矿体地景为文化源泉、人类与地质文化源泉融会耦合衍生的地体-石体-矿体-地景的天地人文化综合体。

扩展阅读

◆扩展阅读 ◇ 1 云南三江并流世界自然遗产

□ 三江并流世界自然遗产

金沙江、澜沧江、怒江源于青藏高原，在滇西北三江并列南流，紧邻地段直距仅为64km，纵谷与条状高山紧密并列，线状褶皱断裂带与岩带密集伴生，南北向延伸逾300km，规模宏大的巨型造山带显示欧亚板块与印度板块碰撞缝合线踪迹、特提斯地质构造、新构造运动地壳强烈挤压、青藏高原隆起的地壳演化历程的例证，是世界上独特罕见的板块碰撞地质遗迹地。

三江并流区在强烈碰撞挤压下，地质构造紧缩加叠，地形急剧变化，在极近距离内，海拔从6740m（梅里雪山卡瓦博格峰）到760m（怒江河谷），从冰山雪峰到干热河谷，亚热带到寒带气候和生物群落快速更替，蕴含立体气候立体生态、类型繁多的生态系统。三江并流区有海拔高于5000m的高山雪峰百余座，是低纬度山岳冰川集中分布区；拥有的高等植物和动物种数分别占中国生物种数总数的20%和25%，有数十种国家级保护动物植物、珍稀濒危动物，是世界上温带生物多样性最丰富的区域之一。

地质地貌多样性、生物生态多样性、景观多样性，具有地域独特性、珍稀性、唯一性、完整性；具有无可替代的科学价值、美学价值。符合《世界遗产公约》的自然遗产评选标准Ⅰ、Ⅱ、Ⅲ、Ⅳ四项标准。2003 年 7 月 2 日，联合国教科文组织将“三江并流”自然景观列入《世界遗产名录》。

三江并流区带的世界自然遗产包括8大片区，9个自然保护区和10个风景名胜区的国家级风景名胜区，履行《云南省三江并流国家重点风景名胜区管理规定》；三江并流世界自然遗产地履行《保护世界文化和自然遗产公约》，施行《云南省三江并流世界自然遗产地保护条例》。

□ 三江并流带旅游地质景观

三江并流世界自然遗产只包含三江并流区中，符合《世界遗产公约》中自然遗产标准的地域。在三江并流区带有丰富多彩的、高品级的旅游地质景观。三江并流带旅游地质景观既包含三江并流世界自然遗产的旅游地质景观，还包含三江并流带重要的长江第一湾地质景观单元、高原丹霞地质景观单元、玉龙雪山哈巴雪山雪山冰川地质景观单元等（图1-6）。

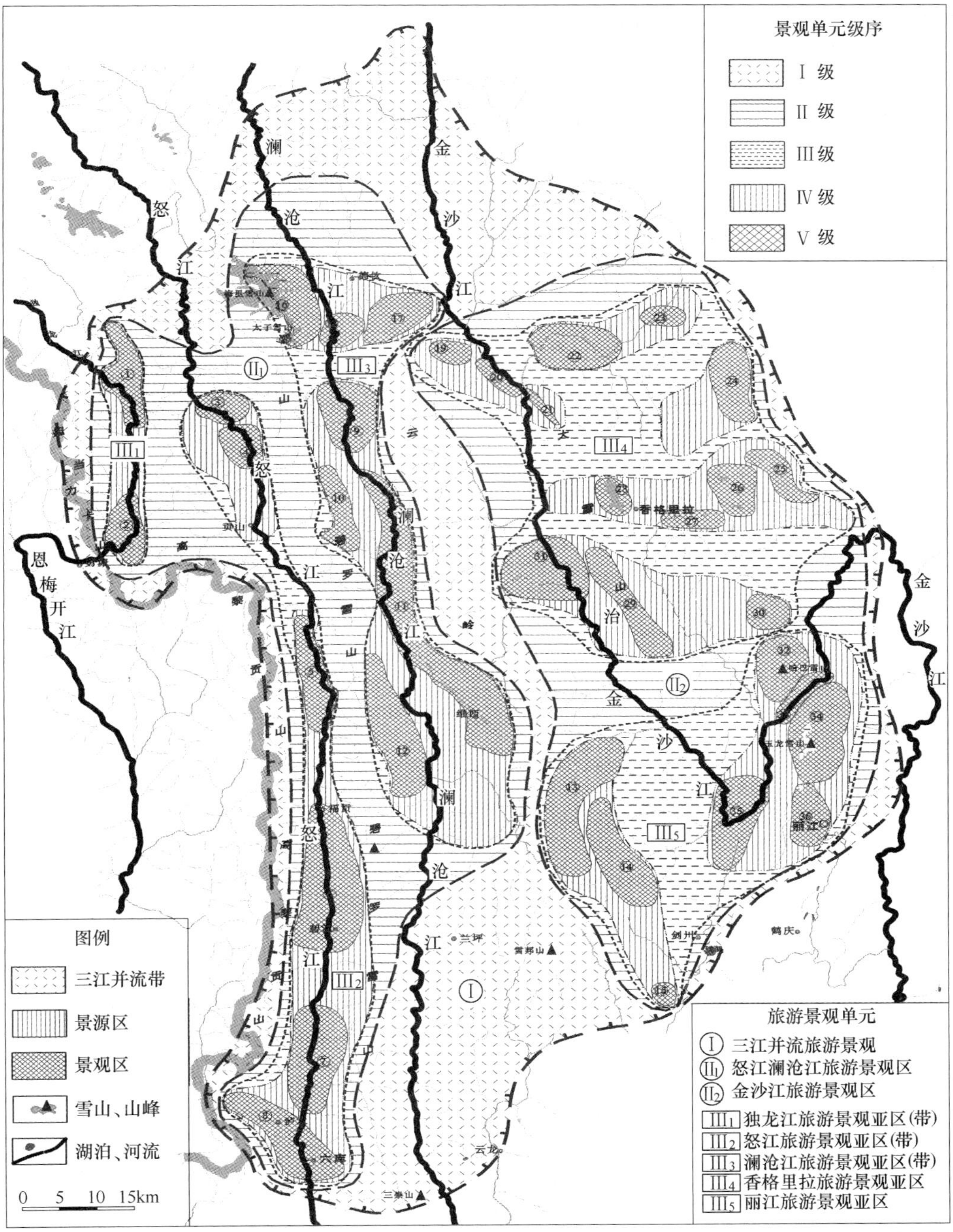

图 1-6 三江并流带旅游地质景观图

以地质景观为基础，自然景观景色绚丽，民族风情文化奇异独特，保存完美的原始风貌，构成世界品牌的旅游景观，旅游地。

Ⅱ 古今演变篇

·丽江大地沧桑演变

江河大拐弯

- 金沙江丽江河段大拐弯

长江第一湾

- 新构造运动的标记

拉分盆地

- 拉分中长大的丽江坝子

江河大拐弯
·金沙江丽江河段大拐弯

纪 实

◆纪实 ◇ 1 金沙江中段大拐弯

金沙江中段从石鼓到永善，江河流向几经拐弯，完成了金沙江上游由北向南，再向东流，入长江的大拐弯、大转折。其中，金沙江丽江河段呈现紧密的之字形大拐弯（图2-1）。

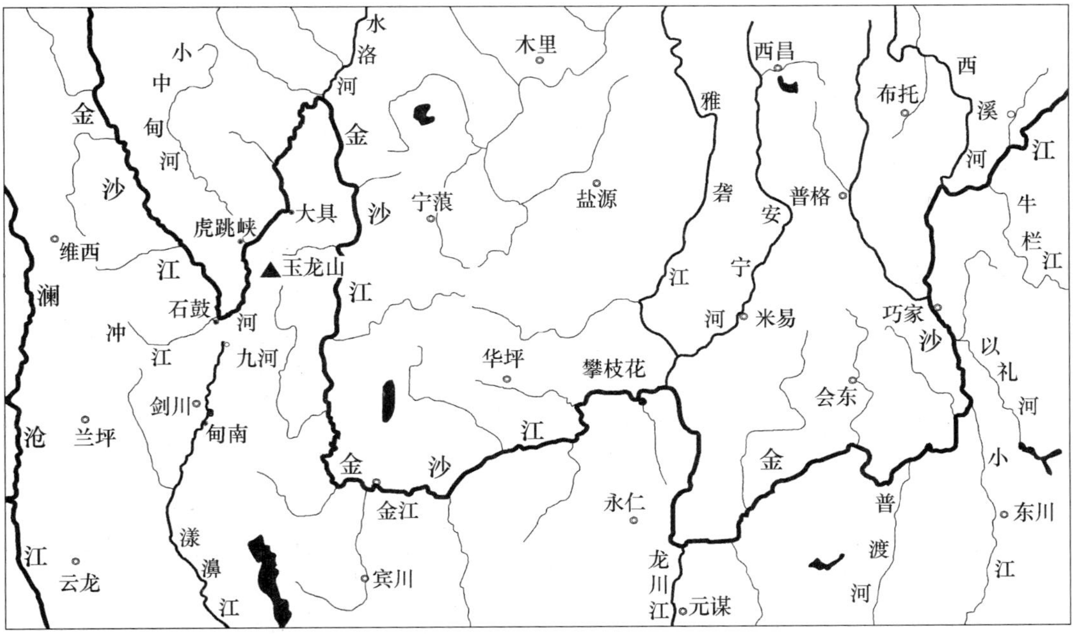

图 2-1 金沙江中段现代水系分布

◆纪实 ◇ 2　袭夺转向的长江第一湾

长江第一湾形成前，金沙江上游从奔子栏、巨甸自北向南流至石鼓后继续向南流经白汉场，过剑川南流入洱海。长江第一湾形成后，石鼓剑川之间的白汉场低缓地带成为了红河水系（或澜沧江水系）与长江水系两大水系的分水岭，石鼓上下的金沙江河段由南流转北再转东流注入东海，成为宏大醒目万里长江上游金沙江的“长江第一湾”。

长江第一湾的河流袭夺的致因就是石鼓附近河流沿发育的区域性南北向和北东向交叉发育的断裂系侵蚀下切，河流沿交叉断裂而改向流动；其南的石鼓至剑川之间白汉场一带，形成有区域性的东西向隆起带，成为南北向水系的分水岭，改变河流流向；玉龙雪山与哈巴雪山冰川活动刨蚀作用，形成冰川谷地，成为河流河道。多因素的配合形成了长江第一湾的河流袭夺。

与河流大拐弯相伴，转弯河段可见江河中的曲流。

◆纪实 ◇ 3　金沙江丽江段的连续大拐弯

金沙江丽江段显示连续的三个大拐弯：

·石鼓弯（长江第一湾）　在石鼓，呈锐角由南向北大拐弯。

·玉龙弯　石鼓弯向北流约100km，至三江口一带水洛河入金沙江处，金沙江又向南呈锐角急转弯；由北向南的玉龙弯大拐弯包容了南北向延伸的玉龙雪山山系。金沙江从石鼓到金安桥东西距离仅约40km。

·永胜弯　玉龙弯向南流约200km，至永胜一带，金沙江又由西向东呈近直角大拐弯。

经金沙江的石鼓弯-玉龙弯-永胜弯的连续大拐弯，基本奠定了金沙江、澜沧江、怒江三江并流分道扬镳，金沙江作为长江上游的格局。

释　义

◆释义 ◇ 曲流·大转弯景观

曲流、大拐弯都是河流河道大角度转弯，乃至拐弯改变流向流淌。

○　河流大拐弯

大拐弯是制约河流的区域性构造变异下的河流流向大拐弯。如雅鲁藏布江大拐弯、长江上游金沙江的长江第一湾大拐弯、黄河河套大拐弯。

○　曲流

曲流是地段性、局限性河道环境地质变异、于二急流河段间相对缓流河段，海滨、湖滨草地，河道呈连续蛇曲状拐弯。河流流经平缓的开阔地带、冲积平原时，河水流速减缓，底蚀减弱，侧蚀和堆积作用强烈，主河流形成弯曲的、蜿蜒的曲流或蛇曲景观。

山地中的曲流，如怒江峡谷中丙中洛河段丙中洛曲流、澜沧江的德钦向阳坡至红坡河段的云岭曲流、金沙江奔子栏河段奔子栏曲流。

平原中的曲流，如中国黄河河套九曲十八弯、黄河蛇曲、长江三角洲。若尔盖草场草地草原曲流。

在直线状延伸的主河谷/峡谷中，出现局部性的主河道横向弯流——曲流。曲流（大转弯）不仅增添了直线状延伸单一景观的曲流美，而且以其转弯而使水流减速，在内侧形成新月形边滩的同时，往往形成植被发育、生机盎然而又恬静的生态地质环境绚丽景象。

扩展阅读

◆扩展阅读 ◇ 峡谷中的曲流河段盆地丙中洛

怒江大峡谷上游约25km的贡山河段，在宏大平稳延伸的大峡谷中丙中洛异常曲流状河段（图2-2）。

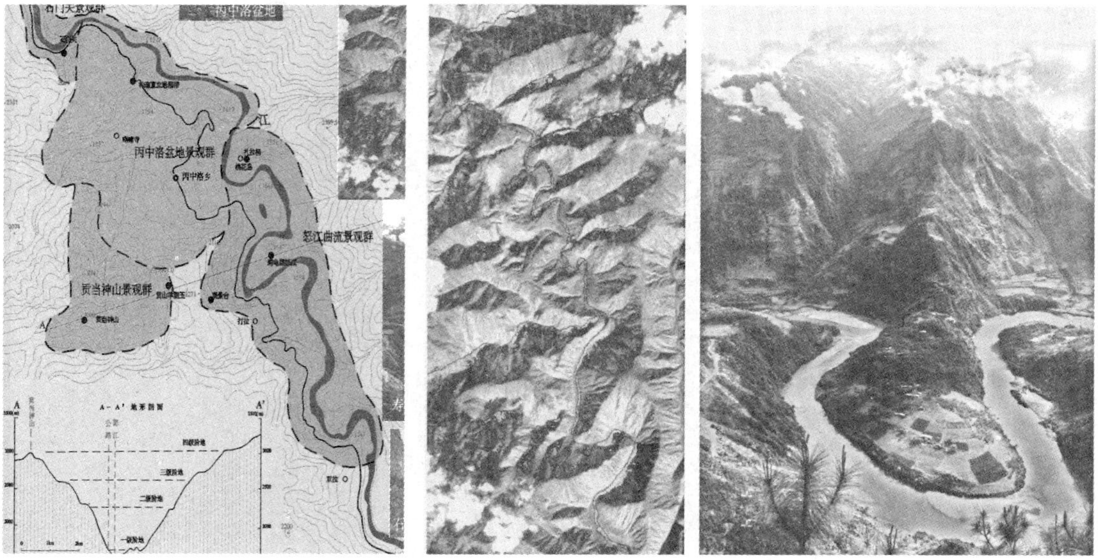

图2-2 怒江丙中洛曲流

丙中洛曲流弯流规模最大，造型最优美。怒江从北向南流中，转向西流又急转向东流，再转南流，弯流东西长约1km，狭窄处南北江面相隔仅约400m，弯流中的东西向山脊前缘为怒江弯流内弯的边滩。向东为缓丘，再向东山体渐高，形态上犹如山龟，曲流景色绚丽。

丙中洛盆地四面环山，为西高东低的缓坡状台地，近等轴状。怒江由盆地北东缘而过，西南侧为贡当神山断崖峭壁。盆地与其周边夷平面高差约1500m，成为峡谷中的绿洲。

丙中洛广布农田，村落毗连，藏族、怒族、傈僳族、独龙族多民族世代和睦共居，多宗教、信仰共存，堪称“世外桃源”。

长江第一湾
·新构造运动的标记

金沙江、澜沧江、怒江发源于海拔约5000m的青藏高原，向南流入云南滇西北境内，三江并流，至北纬26°50′左右，怒江、澜沧江继续并列南流，而金沙江至丽江县石鼓镇却转向北北东流去，在地面上形成夹角30°的V形大转弯，然后几经转折东流，作为长江上游，与怒江、澜沧江分道扬镳，构成醒目的“万里长江第一湾”（图2-3、图2-4）。

金沙江峡谷中石鼓附近的长江第一湾V形大转弯端部河段，河道宽缓、心滩边滩众多。远离转弯端部，河流又呈现狭窄急流的峡谷景象。

图2-3　长江第一湾石鼓湾和玉龙湾遥感图像

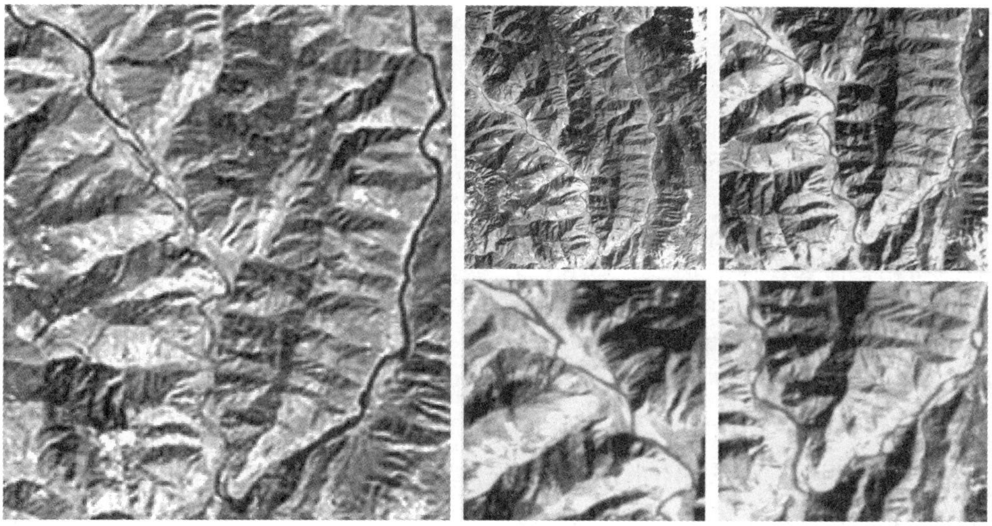

图 2-4 长江第一湾遥感图像

纪 实

◆纪实 ◇ 奇趣的异常水系

长江第一湾在中国地图上，在陆地卫星影像上都十分醒目，许多地理、地质书刊中都有提及，是地学界感兴趣的话题。随着到滇西北旅游人数的猛增，长江第一湾这一特殊的江河形态，就更为人们所熟知。除去神话传说的遐想之外，人们也对长江第一湾的形成有着强烈的好奇心。

长江第一湾形成前，金沙江上游从奔子栏、巨甸自北向南流至石鼓后继续向南流经白汉场，过剑川南流入洱海，或沿黑惠江顺漾濞注入澜沧江水系或注入红河水系。而且现今金沙江水系支流冲江河当时亦南流。长江第一湾形成后，原金沙江南流的石鼓至白汉场河段水流向北变为支流；玉龙-哈巴雪山间虎跳峡疏通，金沙江利用冲江河南流的一段河道，由南流转北转东流形成现今“长江第一湾”格局，金沙江成为东注东海的滔滔万里长江的上游。

沧桑演变，海陆变迁已为人们熟知而不奇，那么长江第一湾的转向为什么又引起人们浓厚的趣味呢？可归结为四个方面：一是三江并流紧密相伴十分协调，为何金沙江却突然分道扬镳？二是怒江、澜沧江、金沙江其形成受南北向“三江褶皱-断裂带”的控制，南北向山川牵就利用南北向构造线，合乎江河发育规律，为什么金沙江却反常呢？三是金沙江残留有过石鼓镇向南达剑川，南流入澜沧江水系（或红河水系）的谷地形迹，现今金沙江为何却流入长江水系，石鼓剑川之间的白汉场低缓地带成为了两大水系的分水岭？四是长江第一湾在高山深谷中呈很小的夹角反向流去，“不循常规”，有什么特殊原因？

释 义

◆释义 ◇ 1 成因·景观释疑的四种说法

长江第一湾地质景观成因的解释，以往有河流袭夺之说、构造抬升之说、地质构造之说；各有所据，而又各有所不全。长期以来，多未深究。近几年来，笔者在对三江并流带旅游地质资源的系统研究中，认为简单的河流袭夺、构造抬升和地质构造之说都不能令人信服，在系统分析三江并流带新构造运动以来地质演变的基础上，提出了新的释疑之说——新构造之说。至今，长江第一湾的形成释疑有四种说法。

□ **景观释疑之一：河流袭夺说**

河流袭夺是相邻近水系的一水系发展较快而贯通了另一相邻水系，将另一水系并入到水系中作为这一水系的支流。这种现象的形成常常是由于两水系都向二水系的分水岭相对发育、溯源侵蚀（河流向源头、向下切割），其中一水系流水量较大或被侵蚀的岩石土壤较易于侵蚀，其受侵蚀能力强，侵蚀速度较快，且侵蚀的冲沟河道较深，一旦把分水岭侵蚀切穿，沟通对方水系时，使侵蚀能力弱的对方水系改变了其原来流向，向发展快的一侧水系归并流通，夺为自己的水系。

长江第一湾的河流袭夺说释疑的要点是：金沙江原来由北向南流至石鼓后，从石鼓继续沿南北向的沟谷经白汉场过剑川入洱海。后因东侧河流袭夺从石鼓沟通了其以北河流而归入长江水系（图 2-5）。

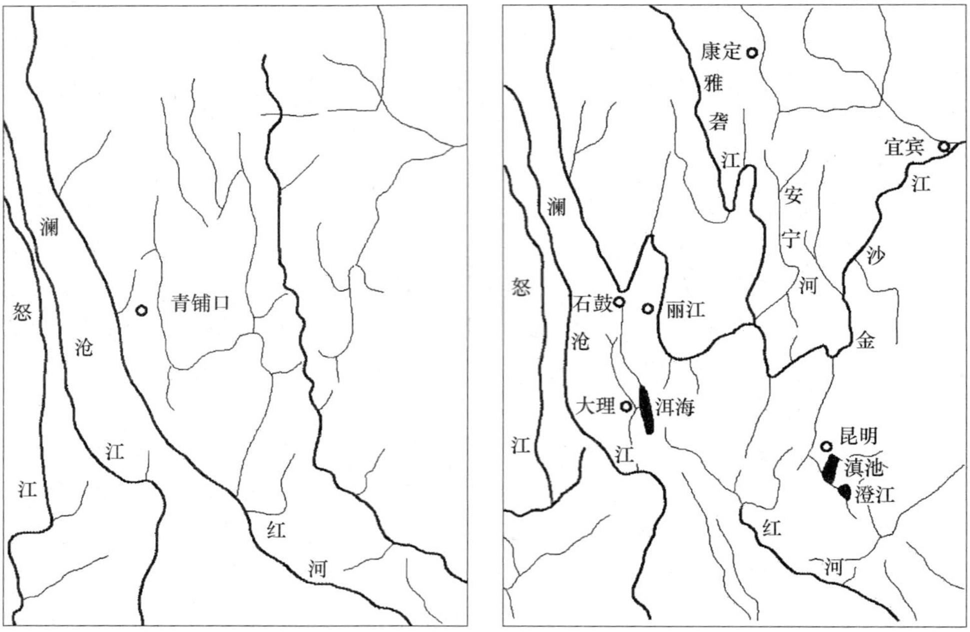

a 袭夺前的水系　　*b* 袭夺后的水系

图 2-5 金沙江长江第一湾的河流袭夺说释疑
（据《地貌学及第四系地质学》）

河流袭夺的证据有三点：

其一，由石鼓至剑川至今仍然有南北向河流，而且作为金沙江水系的向北流的南北向支流，与作为澜沧江水系或红河水系向南流的支流其间分水岭十分低缓，为南北向谷地中的低缓山丘，很易改变流向。

其二，由石鼓至剑川南注红河（或澜沧江）保留有宽广的老谷地，有一系列南北向延伸的洼地，湖泊、阶地、堆积物，有金沙江南流的遗迹。

其三，由石鼓至剑川老谷地边坡上有零星河流成因的鹅卵石（河床砾石），表征原来较高的部位确为河流河床。

这一释疑的立论不足主要在于：至今未在石鼓至剑川一线沟谷谷坡找到证据确凿的河床砾石、河流阶地及古河床遗迹。

□ 景观释疑之二：构造抬升说

构造抬升是指河流泾流的某一部位地壳抬升，河流下切的速率低于构造抬升的速率，迫使河流在该部分断流改变流向。

金沙江大转弯的原因是在现今石鼓至剑川之间白汉场一带，地壳抬升，致使原向南流淌的金沙江不能南流而被迫在金沙江改道东流。

这一释疑之立论证据确有在剑川与石鼓之间有区域性的东西向隆起带，构成南北向水系的分水岭，但缺乏具体的证据和其他旁证资料。

□ 景观释疑之三：地质构造说

地质构造是河流沿地质构造薄弱带（如断裂破碎带、断裂带）发育，有交叉断裂时，河流就沿交叉断裂而改向流动，呈现“之”字形拐状河流。

认为金沙江是追随南北向和北东向断裂发育，因此在石鼓北东向断裂与南北向断裂交切处，金沙江由北向南流而转为沿北东向断裂转为北东向流动，形成金沙江大转弯顺理成章。

这一释疑源于河流受交切断裂控制而呈“之”字形拐状河流类型，大转弯的机理符合普遍规律。但其不足之处是至今仍无确切资料可证明金沙江大转弯受某一北东向断裂的控制。

□ 景观释疑之四：新构造说

在三江并流带如此复杂的地质构造区，各种地质景观常是多因素制约的产物。从区域上看，金沙江从石鼓北流到出云南滇东北的水富县，大转弯何止石鼓第一湾。很醒目的是，从石鼓向北至三江口总体夹角为 40°，直距约 240km；三江口急转南流，总体夹角 20°，直距约 400km；然后总体呈 90°夹角东流至东川拖布卡附近，直距约 600km，又急转 90°向北，向北北东，直距约 600km 到绥江；总体转向东，过水富到四川宜宾注入长江。其中总体近南北向的河段为受近南北向构造控制，如攀枝花至元谋一段为沿南北向绿汁江断裂带，东川至巧家大寨一段沿小江断裂。总体东西的河段则沿宽大的东西向隐伏构造带。

受区域构造应力场的作用，在金沙江流经的区域内，除了连贯性好的近南北向构造和隐晦断续的东西向构造外，发育有北北东与北北西两组共轭断裂系（断裂、大型节理），这些构造有老构造，但大多都有新生代以来特别新构造运动的复活和叠加。这种构造系统构成了金沙江复杂多变的大转弯的构造基础。

◆释义 ◇2 成因·景观释疑的长江第一湾新构造运动发展模式

以三江并流带地质构造背景为依据，从石鼓邻近的地质构造情况综合分析，三江并流带形成的新构造运动中，长江第一湾的形成经历了六个关键的发展阶段，其发展过程可称为长江第一湾新构造说发展模式。

○ 白汉场隆升·纬向构造带活动：丽江之南鹤庆附近为中国南岭东西向构造（纬向构造）带的片段已为共识（李四光，1962），陆地卫星遥感影像显示兰坪鹤庆一带存在宽大的东西向构造带（杨世瑜，1999）。该东西向构造的存在，剑川、通甸、丽江九河一带的隆升，使金沙江南流受阻。金沙江在巨甸以北地段有较大的纵坡降，河流湍急，河床狭窄；而巨甸以南到石鼓一段纵坡降很小，河床宽缓，河道弯曲，河床堆积发育，出现很多的边滩、心滩，成为峡谷中的异常河段。

○ 玉龙山麓断块·南北向断裂带垂直位移：南北向的玉龙山其东西山麓都有近南北向的断裂，使玉龙山山体抬升，而两侧下降。大约在中更新世早期，玉龙山东麓断陷，堆积有大量的冰碛物及冰水堆积物。玉龙山体原与哈巴雪山连为一体（为同一南北向地质块体），玉龙山麓断裂构造亦贯穿玉龙山-哈巴雪山；1996 年丽江地震的地震断裂构造及地震烈度分布情况，均说明这一情况。玉龙山麓东侧断块的下降使虎跳峡一带下降，为南流受阻的金沙江创造了向北东流淌的条件。

○ 丽江拉分盆地·北东向断裂扭动：丽江盆地西北部的白沙坝子呈南北向展布，受玉龙山南北向断裂的控制，但到丽江县城盆地边界却向东伸出，至龙山附近，形成丽江盆地南东部的东坝子成近四边形的形态。这是因为丽江盆地形成的主期中更新世作为丽江东坝子盆地北界的北东向剑川-丽江断裂（小金河断裂带西段）做左行扭动，在移动中不断将丽江盆地东南部拉开，扩大盆地面积。小金河断裂带是区域性北东向断裂带中延伸稳定、规模大的主断裂带，其北其南都有与之平行的北东向断裂带（群）相伴形成。其中石鼓虎跳峡一带就发育有北北东、北东向的大型节理带，它构成了北东向的构造薄弱带，使受阻于石鼓的金沙江有沿北东向构造薄弱带侵蚀的条件。现今仍保留完好的虎跳峡南东岸大型节理带制约而呈台阶式、排列有序的似峰丛状江岸陡坡，虎跳峡峡谷细部呈北北东-北东追踪状河道，都说明了大型节理组合是金沙江北流的有利条件。

○ 虎跳峡冰川·北东向 U 形冰川谷地：大约从 320 万年前至今，玉龙雪山-哈巴雪山经历了三次冰期和两次间冰期。至今玉龙雪山东麓哈巴雪山东南麓古冰川遗迹保存完整。从古冰川遗迹可以看出，现今的虎跳峡是冰川发育兴盛时期的高级次冰川谷地，即哈巴雪山南东麓向南东流动的冰川群，与玉龙雪山北西麓的冰川群在北东向的虎跳峡聚汇呈北东向的大冰川，在玉龙雪山与哈巴雪山之间形成较宽大的北西稍缓南东侧稍陡的冰川 U 形谷。借助北东向构造薄弱带的冰川刨蚀、间冰期冰雪消融冰河使原来较高的虎跳峡不断下切，形成现今峡谷的基础，为金沙江南流受阻后，江水北流形成了雏形。

○ 虎跳峡贯通·U-V 冰川-新构造套谷：三江并流带的脉动式持续抬升，玉龙山麓近南北向断裂的断块升降作用，多期式冰川的刨蚀和冰河的侵蚀作用，新构造运动抬升中河流侵蚀剥蚀沿北北东-北东向大型节理带，利用 U 形冰川谷地叠加发育 V 形侵蚀河谷，将原来较高玉龙雪山、哈巴雪山间的山体侵蚀贯通，形成缓阔 U 形冰川谷地深部叠加新构造运动尖窄 V 形侵蚀河谷的冰川-侵蚀 U-V 套谷，使在石鼓南流受阻的金沙江到上虎跳峡后能顺畅地流向北东。

○ 河流改道定局·长江第一湾形成：虎跳峡的贯通，18km 长的河段落差 220m，河谷狭窄，纵坡降大，不断地加剧了河流的底蚀作用，削平了金沙江北流的屏障，使金沙江得以疏通。现今仍残留在石鼓金沙江大湾内侧高于金沙江水面数十米、岸坡上的河床砾石表征虎跳峡的疏通使长江第一湾得到定局。在下虎跳峡口，中更新世形成的大具坝子被虎跳峡底蚀作用深深地下切成嶂谷，表征着现今的虎跳峡仍在下切，为长江第一湾的河流改道，与怒江、澜沧江分道扬镳形成了定局（见图 2-6）。

a *b* *c* *d* *e* *f* *g*

图 2-6 长江第一湾旅游地质景观

a，*b*—第一湾上段，宽缓江面，江心侵蚀残余；*c*，*d*—第一湾湾端，石鼓古镇及江湾；*e*~*g*—第一湾下段，江滨及河漫滩河心滩

◆释义 ◇ 3　成因·景观释疑还待完善

多因素、冰川-构造侵蚀作用为主因素的U-V套谷形成模式。综合该区的新构造运动发展历程，由于该区地质工作程度尚低，这一模式有待于详细的地质科研资料去丰富、去修正、去完善。科学的探索金沙江分道扬镳的缘由，将会揭开长江第一湾神秘的演化历程。

◆释义 ◇ 4　景观释疑之哲理与传说：金沙姑娘与玉龙哈巴兄弟

滇西北地区流传有关于金沙姑娘与玉龙哈巴兄弟的神话传说：金沙江、澜沧江和怒江，原是亲密无间的三姐妹，大姐脾性易怒，二姐生性急躁，唯有三妹金沙姑娘文静聪敏。父母要把三姐妹嫁往西边，她们不愿顺从，相约出逃东方。不料机密泄露，父母派神力无穷的玉龙、哈巴两兄弟抄小道挡住去路。大姐、二姐提议往南，金沙姑娘却执意不肯，她想往东，向往太阳升起的地方，无论险关千叠，也要辟一条追求光明的路。大姐发怒了，怒冲冲地往南奔去，变成了怒江；二姐急躁如火，急匆匆随大姐南下而去，变成了澜沧江；金沙姑娘默默站在石鼓边，目送姐姐远去，旋即转身向着东方迈开大步，不畏艰险，百折不挠与浩渺的东海团圆。

传说中蕴涵有三江并流、金沙江分道扬镳的哲理。这就是：堵则不通，疏通才能达到泄堵的效果。水总要流，何况是奔腾的大江大河，你要堵它，就同时得给水流找到另外的出路，有堵有泄才是矛盾的综合体。生长在三江并流带的先人就已用这一哲理来构思神话传说。金沙姑娘要向东，那就得冲破玉龙、哈巴兄弟的堵截。这一哲理何等透彻！我们的先人早已想到，用疏通虎跳峡作为金沙江被南堵转向北流、长江第一湾定局的重要因素。人与自然和谐发展、人-地关系统一体的认识蕴藏于渊源的民族文化之中。

扩展阅读

◆扩展阅读 ◇ 1　新构造运动地质景观

新构造运动指新近地质时期的地质构造运动。

新构造运动通常具有构造运动的继承性，如持续活动的地质构造带继承活动；又具有构造的新生性，如在原有的构造活动带中形成新的构造活动类型或新的构造带。

新构造运动包括断裂、褶皱构造；该地带新近的火山、地震、温泉、热异常，断裂诱发的地质灾害、河流水系变异、地面升降、地表强烈侵蚀等是新构造运动活动标志。

◆扩展阅读 ◇ 2　三江并流新构造运动地质景观

□　三江并流新构造运动主要地质景观

喜山期构造旋回：大约7000万年前，印度板块与欧亚板块多期次碰撞的地缝合线部位。

金沙江、怒江、澜沧江三江呈峡谷，与条状山体紧密并列，延伸数百千米。

板块构造缝合线形迹：主体构造为特提斯-喜马拉雅断裂系；有显示大洋盆曾经存在，其后因碰撞而消亡的深海硅质岩、蛇绿岩套和显示印度板块和欧亚板块碰撞缝合的杂砾岩、混杂岩。

岩浆岩带、变质岩带、断裂构造岩带组成宏大的构造带。

年轻的喜山期造山系、横断山脉。

新构造运动地质地貌奇观，高山巍峨、山脉纵列、峡谷深邃，岭谷相间、群山会聚，雪山冰川、珍稀动植物、立体生态。

□ 三江并流新构造运动地质景观系列

三江并流带的新构造运动形成了显示新构造运动形迹组合的旅游地质景观系列。

○亚系列 1 三江并流条状高山与纵谷河流紧密并列旅游地质景观

· 三江并流：源自青藏高原怒江、澜沧江、金沙江，进入云南后呈三江并行流动。

· 三大峡谷：怒江大峡谷、澜沧江大峡谷和金沙江大峡谷。

· 四大南北向山体构成的横断山山脉紧密排列：横断山山脉高黎贡山、碧罗雪山-怒山、云岭、香格里拉大雪山-沙鲁里山四大山系自西向东依次展布。

○亚系列 2 线状褶皱断裂与岩带复合伴生旅游地质景观

· 南北向褶断带：南北向展布的怒江、澜沧江、金沙江断裂带，伴有褶皱变形、构造岩、直立岩层带。

· 南北向岩石带：区域构造紧密排布的同时，形成了各类岩石南北向延伸的变质岩带、岩浆岩带、构造岩带。

· 南北向成矿带：伴三江构造带有大型超大型各类矿化单元、矿床。

○亚系列 3 新构造运动地壳间歇抬升与不均匀抬升成景旅游地质景观

· 河流改道：如金沙江长江第一湾地质景观。

· 峡谷中异常河段：如河床滩地聚集的三江奇石滩；金沙江曲流、怒江丙中洛曲流、澜沧江曲流等峡谷中的曲流；丙中洛盆地、大具盆地等峡谷中的盆地台地。

· 侵蚀、剥蚀地貌景观：如古新系陆相红色砂岩的黎明高原丹霞地质地貌奇观。

· 断陷作用、冰川作用、溶蚀作用的复合高原湖泊及盆地：如香格里拉盆地、丽江盆地。如海拔 4000m 左右的高原面分布众多的冰水湖群。

○亚系列 4 多旋回冰期冰川旅游地质景观

三江并流带曾经历了金江冰期、丽江冰期、大理冰期，留下了各种各样的冰川遗迹：角峰、刃脊、冰斗、冰积物及冰水沉积物；现代雪山冰川梅里雪山、白茫雪山、哈巴雪山、玉龙雪山等。

拉分盆地
·拉分中长大的丽江坝子

纪 实

◆纪实 ◇ 1 丽江坝子·地质地貌景观

○ 形态·h 状

丽江盆地北起玉龙山东麓，呈南北向延伸，南至五台山麓，长 40km，宽 3~5km，丽江古城以北称白沙坝子。至丽江古城盆地向东扩伸约 7km 至团山，东界向南终止于七河关坡，南北长约 14km，东西宽约 11km，称东坝子。整个丽江盆地似“h”状，面积约 $228km^2$（图 2-7）。

图 2-7 丽江拉分盆地

丽江盆地北高南低，白沙坝子北端的干海子海拔高程约 3068m，丽江古城海拔 2400m，盆地东坝子南端海拔高程 2360m。而且盆地倾斜变化北陡南缓，北部坡降 50‰~

20‰，中部坡降20‰~10‰，南部坡降10‰~3‰。

盆地水系称漾弓江，属金沙江支流。北部源头于玉龙雪山东麓，上游分三个支流，至东坝子汇流后经关坡流入南部的鹤庆盆地，再并入金沙江。

○ 沉积物·冰川-河-湖相

新生代时，丽江盆地邻近的山间盆地沉积了古近系丽江组地层。其中下部为砖红色、暗紫红色、浅灰红色泥岩、粉砂岩、钙质细砂岩、砂砾岩组成的磨拉石建造，厚逾700m，属始新-古新统；上部为粉砂质泥岩、钙质泥岩、砂质泥黏土组成的河流-湖相沉积，厚逾100m，属始新世晚期。新近系沉积了三营组地层，为以黏土岩、粉砂岩为主的湖相沼泽相沉积，但分布较局限。

第四系丽江盆地广泛发育冰川活动，分布冰碛物。冰前期有更新统蛇山组河湖相沉积黏土、粉砂岩、粉砾岩。其后，相继有更新世金江冰期、丽江冰期、大理冰期及其间的大具间冰期和木坚桥间冰期。在白沙坝子北段干海子一带海拔3000~3500m分布有木坚桥组砂砾岩、粉砂岩、黏土沉积物。全新统有河流相冲积，湖泊相沉积物。

丽江盆地周边地层主要为中三叠统碳酸盐类地层，次为二叠系玄武岩、第三系红色岩系。

释 义

◆释义 ◇ 丽江坝子成景作用

○ 地质环境·断陷作用

丽江盆地西界受控于玉龙山麓东南北向断裂，白沙坝子表现为明显的断陷特点。而东坝子的北界受控于小金河断裂。小金河断裂（剑川-丽江-金棉断裂）为新生代继承性活动断裂，具左行扭动性质。整个盆地的发育严格受控于继承性活动的基底构造。丽江盆地沉积相变化较大，反映了该区较复杂的盆地古地理环境。

古近系较广宽的沉积后，由于北东向、南北向等断裂的活动，丽江盆地周围环境发生分解。在更新统蛇山组沉积之后，盆地更显示不均衡发展，地壳上升，河流下切，更新统地层变陡，发生褶皱和断裂，蛇山组出露高差逾300m。

丽江盆地第四系沉积的等厚线图，显示白沙坝子受南北向断裂控制，沉降中心呈南北向线状，厚大于1000m。而东坝子逐渐向东扩大，沉降形态呈四边形，厚逾600m。白沙坝子物质供应充足，沉积厚度大，而东坝子物质来源相对较少，且沉积面积逐渐扩大，沉积厚度相对较少。

○ 形成过程·拉分长大

在北北西向金沙江-红河右行走滑断裂带和北东向小金河左行走滑断裂带的共同作用下，新生代丽江盆地显示典型的拉分长大的特点。

玉龙山东麓的南北向断裂东盘不断下降，不仅呈延伸稳定且高差较大的断层崖，在近断层的白沙坝子西侧分布有悬挂式、叠叠式洪积扇，显示山体与盆地间歇抬升与下降。

东坝子北侧剑川-丽江断裂带左行走滑，南盘相对北盘东移达7km，坝子北界呈北东向延伸，有北东向断崖分布，东坝子相对南北向的白沙坝子向东扩大达7km。

盆地边界线状延伸，与断裂带相吻合。

盆地周围高原面清楚，显示盆地邻近间歇性上升。

○ 现今状态·继续活动

金沙江-红河右行走滑断裂带和小金河左行走滑断裂带，都是深断裂，继承性活动在不同时期表现的断裂性质差异而已。喜马拉雅运动旋回以来，挽近活跃的走滑活动，使丽江盆地仍处于活动中，中甸-剑川左旋扭动，走滑速率 2.2mm/a；剑川-丽江左旋扭动，走滑速率 1~2mm/a。玉龙雪山雪线在上升，冰川在萎缩中；盆地周围山体冲沟不断扩大；东坝子的东沙河现代河床不断上升，高出盆地；盆地地下水动态变化呈周期性变化，丽江黑龙潭出现间歇性泉水断流，显示了丽江盆地仍处在活动中。

丽江盆地仍处在活动中的典型现象是近代地震。丽江盆地及其邻近地震频繁，如 1515 年 6 月 17 日永胜 7.25 级地震、1950 年 8 月 26 日丽江 4.7 级地震、1951 年 12 月 21 日剑川 6.25 级地震、1975 年 12 月 1 日丽江鸣音 5.5 级地震、1982 年 7 月 3 日剑川 5.4 级地震、1996 年 2 月 3 日丽江 7 级地震。

丽江 1996 年 2 月 3 日大地震，约占地震烈度达Ⅸ度极震区面积 14.2% 的丽江盆地，震害集中，震害呈高烈度条带异常，有地裂缝、地面沉陷、地表抛石。显示现今丽江盆地仍处于地壳活动时期。

扩展阅读

◆扩展阅读 ◇ 滇西北拉分盆地景观

处于欧亚板块与印度板块毗连地带的滇西北大理-丽江地区有一系列第四纪盆地——山间“坝子”。它们多具有一定的盆地形态，而且具有一定的排布规律，呈南北向带状产出；西为剑川-洱源盆地带，中为丽江-鹤庆盆地带，东为永胜-宾川盆地带，三个盆地带与其间的脊状山岭相间平行展布，呈现地貌反差强烈的带状山脉盆地景观（图 2-8）。

通常这些盆地群规模不大，但沉积厚度较大。丽江、鹤庆、程海、宾川等盆地第四系沉积厚度都大于 1000m，显示了具有较大的沉积速率。

这些盆地多有陡峻的高山或陡崖为盆地边界，多具较规则的形态；多沿南北向谷地呈长条形，或呈串珠状排布，或呈斜列排布。

这些盆地是在新生代印度板块向北推挤产生南北向主压应力的区域应力场，区域性的金沙江-红河断裂带右行走滑活动影响下，形成的走滑-拉张盆地。这些盆地受断裂构造制约，显示断陷盆地特征，又称为滇西北伸展构造区第四纪断陷盆地。金沙江-红河右行走滑断裂与小金河左行走滑断裂等多具压性走滑特征，它们规律配置，控制了滇西北盆地发育，也是新构造运动的地震构造。走滑断裂带的尾端、拐点、断裂交接成重叠部位是地震易发部位。

滇西北第四纪盆地的形成、发展与展布，从一个侧面展示了三江并流带新构造运动强烈活动的特点。丽江盆地就是走滑拉分盆地的一例。

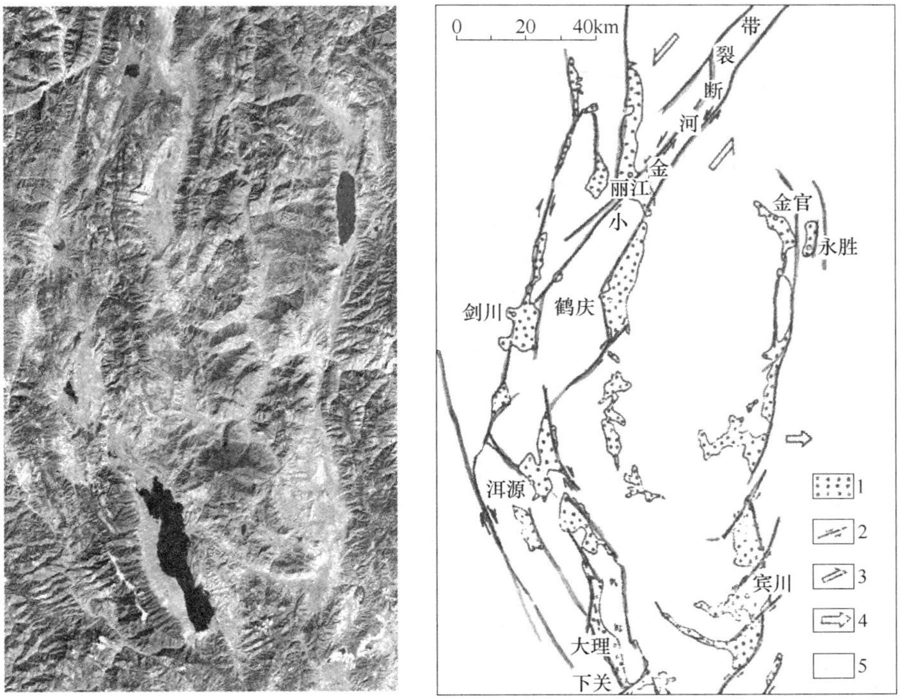

图 2-8 丽江-大理第四纪山间盆地构造略图

（据潘杏南，1987，修编）

1—第四季盆地；2—走滑断裂

Ⅲ 现今大地篇 · 丽江第四纪地质造型

山岳 · 玉龙山系与老君山系

江山 · 江山盆怀抱中的丽江古城

断陷盆地 · 菱形网络结构景观

湖盆 · 断陷岩溶造就的山间湖盆

泉潭 · 地下溢流的水

雪山 · 碧雪峰岭玉龙山

峡谷 · 冰河江水叠切虎跳峡

丹霞 · 丹霞凝聚老君山

岩溶 · 湖盆洼地落水洞

冰川湖群 · 冰雪遗迹老君山

崩滑 · 崩滑造势虎跳峡

躁动 · 地壳活动激活地震

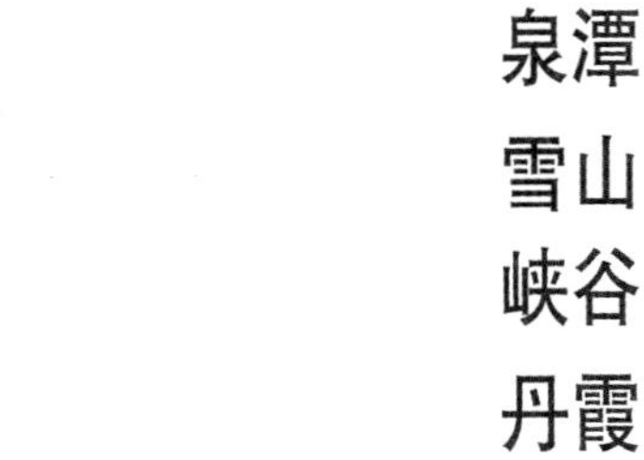

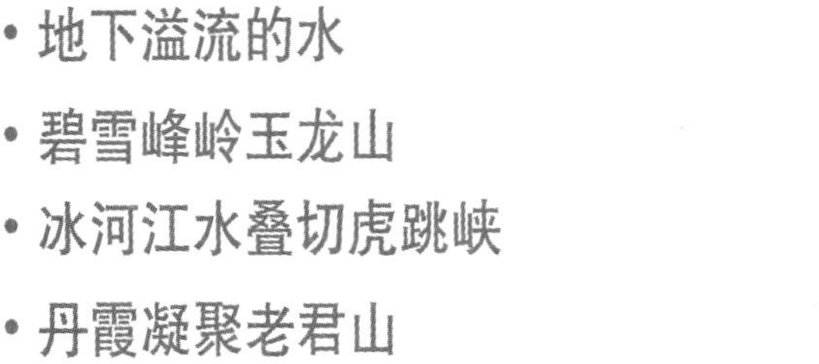

山 岳

·玉龙山系与老君山系

纪 实

丽江为原丽江纳西族自治县县域，包括现今丽江市的玉龙纳西族自治县和古城区。为金沙江上游“长江第一湾”的北西-南-南东地域，面积约 7648km^2。属横断山云岭山脉的组成部分。峰岭陡峻，连绵起伏（图 3-1）。

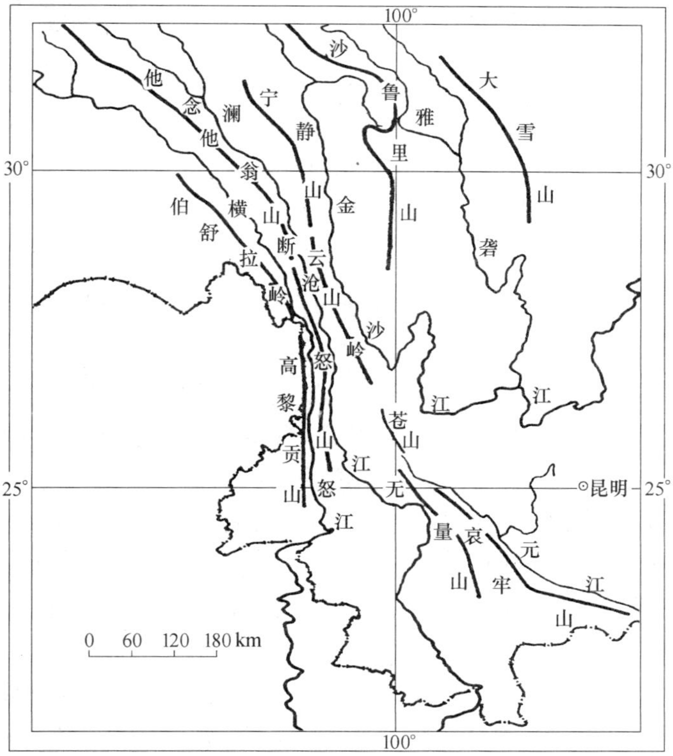

图 3-1 横断山山川分布略图

丽江地域总体上西北较高，南东较低。以侵蚀高山为主，南东部发育山间盆地。玉龙雪山陡子扇海拔 5596m，为域内最高峰；丽江境界的金沙江河谷上段塔城至龙蟠为宽谷，下段虎跳峡至金江为窄谷。

以石鼓附近向南九河宽缓南北向谷地为界，将丽江分为二南北展布的山系。西部为老君山系，东部为玉龙山系（图 3-2）。

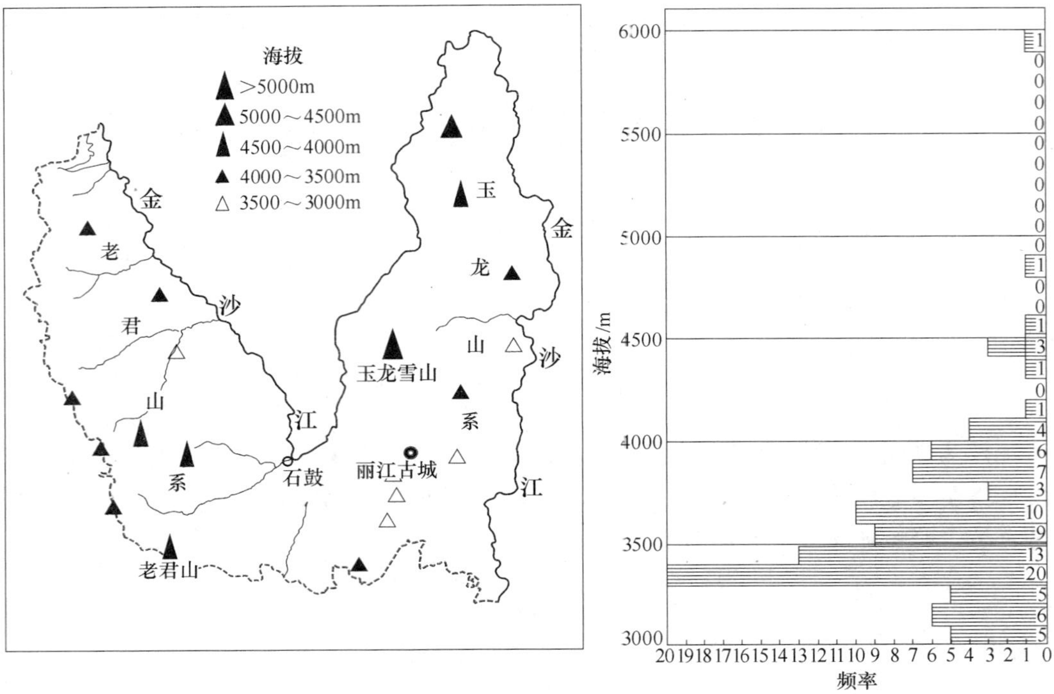

图 3-2　丽江山系分布略图

◆纪实 ◇ 1　峰岭

丽江最高山为玉龙山陡子扇，海拔 5596m；最低为金沙江畔，石鼓海拔 1840m，金江 1219m。

西部老君山系，丽江仅占老君山系山脊东麓，东临金沙江。峰岭主要为侵蚀高山，海拔超过 4000m 的有金丝厂（4420m）、老君山（4247m）、他子戛（4090m）；海拔超过 3000m 的有黑牙谷、依丈大山、鲁盘脚、上拉瓜石。

东部玉龙山系为金沙江玉龙湾环绕，峰岭有海拔超过 5000m 的极高山玉龙山雪山陡子扇（5596m），有海拔超过 4000m 的侵蚀高山美鲁各古（4517m），有海拔超过 2600m 的侵蚀高山本音山、栗草坝、巴忙牛、太子关、石板凳、震青山、文笔山、溶蚀侵蚀中山马鞍山、五台山。

丽江海拔高于 3000m 峰岭，析离的古剥夷面海拔有 5900～6000m、4800～4900m、4400～4500m、3800～3900m、3600～3700m、3300～3500m、3100～3300m。在高于 3000mm 的峰岭中，海拔 3300～3700m 的峰岭有 52 个，约占峰岭数的一半，3300～3400m 的峰岭有

20个，约占峰岭数的1/5。

◆纪实 ◇ 2　山间盆地

○　盆地

玉龙山系断块构造复杂，发育众多的山间盆地。有断陷（岩溶）盆地龙山坝、拉市坝、丽江坝（白沙坝、金山坝）、九河坝、七河坝；有河流宽谷盆地龙蟠坝、大具坝、石鼓坝；老君山系有巨甸坝、鲁甸坝；有冰蚀盆地干海子、干河坝、云杉坪、马蟥坝、宝山太平坝；有构造-溶蚀盆地九子海。其中海拔最高的为龙山坝（2685m）。

○　河谷

金沙江长江第一湾塔城至龙蟠段为宽谷型（海拔1700~2000m）；虎跳峡至金江段为窄谷型（海拔1219~1700m）。

九河为宽谷型古河道遗迹坝子（海拔2343m）。

○　湖泊

丽江山岳中海拔最高的湖泊为老君山系中的九十九龙潭（3800m），玉龙山系中的文海（3100m）、拉市海（2450m）。

◆纪实 ◇ 3　地质景观

○　地质景观类型

从元古界到新生界地层丽江都有分布，地质构造发育复杂，以“长江第一湾”大拐弯地段最为突出。较具特色的地层及岩石类型主要有：

· 老君山系东缘石鼓以北展布“石鼓群”变质岩系；

· 虎跳峡一带展布变质岩及玄武岩类；

· 老君山展布古近系内陆湖相红色岩系，新近系碱性斑岩群；

· 玉龙山系展布二叠系峨眉山玄武岩，新生代丽江砾岩；

· 玉龙山系展布第四系断陷-岩溶-（冰川）河湖相湖盆。

○　地质地貌景观

玉龙山系及老君山系山体陡峻，气候分带及生物分带明显，物种繁多，蕴藏极其丰富的高山珍奇生物。各自形成生物类别丰富的生态系统，形成高山生物宝库。

玉龙山系及老君山系展布特色旅游地质景观：

· 极高山玉龙雪山雪峰成岭，雪山冰川景色壮丽；

· 侵蚀高山老君山古冰川发育，冰川湖泊景观独特；

· 在高原环境下，特殊岩类形成老君山系高原丹霞景观，玉龙山系形成高原岩溶景观；

· 断裂发育的玉龙山系形成断陷-（岩溶-冰川）高原湖盆景观；

· 金沙江河谷呈现陡峻的峡谷景观；

· 特色各异的老君山系与玉龙山系间的“界河”九河宽谷，遗存长江第一湾形成前的古江河遗迹。

释 义

□ **景观**

在一定地域中可观察的客观事物景象的综合体。

□ **地质地貌景观**

在内生地质作用产物基础上，外生地质作用产物的综合体。既包含地质景观，又包含地貌景观双重含意的地质作用产物景象。

地球各部位地质作用、地质构造的差异性与地理环境条件差异性构成了千姿百态的地质地貌景观。现代地表形态景观是地壳内力作用形成的岩石经外力作用雕凿成的地质体景观，其地质营力除了主作用因素外，常常是诸多营力的综合作用，因此，地质景观除了少数单一作用力形成的景观外，更多的是以某一地质营力为主综合营力共同雕凿成的景观。现代地表形态景观是地壳内力作用形成的岩石经外力作用雕凿成的地质体景观。

□ **陆地山地景观**

陆地高低起伏，构成高原、平原、山地、丘陵、盆地五类地貌基本形态；大体以海拔高程划分，海拔低于600m，相对高差小于100m广阔平坦的地区称为平原；海拔高于600m，相对广阔平坦的地区称为高原。通常海拔高于500m，切割深度200m以上的地形段为山岳或山地；海拔低于500m，相对高程200m以下起伏地形称为丘陵。从地貌形成地质作用机理划分为构造剥蚀、侵蚀、堆积三类地质作用机理景观。

按地貌形成的外力（表生）地质作用划分为流水、喀斯特、冰川、风蚀、黄土、重力、海岸等外力（表生）地质作用景观。

山地景观以其海拔与相对高程可划分为极高山、高山、中山、低山（表3-1），山地景观要素包括山顶、山坡、山麓（山脚）（图3-3）。

表3-1 山地景观高程分类

名 称	海拔高程/m	相对高程/m
极高山	>5000	>1000
高山	5000~3500	>500
中山	3500~1000	500~200
低山	1000~500	<200

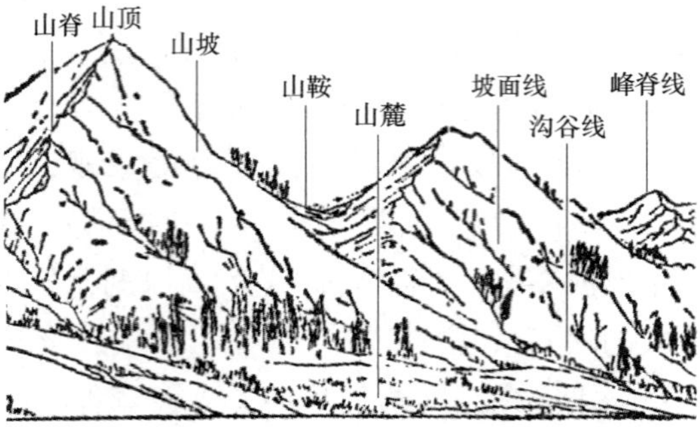

图3-3 山地景观要素

□ 山地旅游地质景观

山地旅游地质景观按成景岩性及成景作用可划分为侵蚀作用、岩溶作用、淋蚀作用三类景观。综合景观特征，主要的山地旅游景观基本类型包括：

由侵蚀作用形成的花岗岩、变质岩、沉积岩等侵蚀/蚀余岩蚀旅游景观；

由岩溶作用形成的碳酸盐类岩溶旅游景观；

由侵蚀作用形成的红色砂岩类丹霞旅游景观；

由风蚀作用形成的红色砂岩类雅丹旅游景观；

由淋蚀作用形成的松散沉积岩/地质土林旅游景观；

由侵蚀作用和冰川作用形成的雪山冰川旅游景观；

现代地表形迹景观是极其重要的观赏性旅游地质景观。

江　山
·江山盆怀抱中的丽江古城

丽江地势的显著特点是从石鼓到金江的金沙江丽江段呈弯流环绕玉龙山系，玉龙山系中南部集中发育丽江盆地湖泊，形成江-山-盆层圈状结构。丽江古城选址及发展于湖盆集中的江-山-盆层圈状结构的核心部位，具有良好的区域生态地质环境。

纪　实

◆纪实 ◇ 长江第一湾与丽江盆地层圈结构

金沙江、澜沧江、怒江发源于海拔5000m以上的青藏高原，向南流入云南滇西北境内，三江并流，至北纬26°50′左右，怒江、澜沧江继续并列南流，而金沙江至丽江石鼓镇，与怒江、澜沧江分道扬镳，转向北北东流去，在地面上形成夹角30°的V字形大转弯，构成醒目的“万里长江第一湾”（图2-3）。从石鼓向北经龙蟠、虎跳峡、大具到三江口大约100km，又绕转奉科，呈30°夹角的V字形向南流，经宝山、大东、金安、金江大约180km的永胜涛源，然后向东，几经转折东流成为长江上游金沙江水系。石鼓-三江口-金安的金沙江深切河谷呈带状包围玉龙雪山山系，其间又包裹丽江盆地，组成江河（金沙江）-山体（玉龙雪山山系）-盆地（丽江盆地）丽江江-山-盆层圈状结构。

丽江江-山-盆层圈结构直接影响丽江城及城市邻近丽江盆地的生态环境，而丽江江-山-盆层圈状结构构成的极其重要因素就是三江新构造运动造就的“长江第一湾”。

释　义

□　环丽江古城江-山-盆层圈结构生态系统

○　金沙江石鼓-三江口-金安大转弯

三江并流的金沙江从北向南流至石鼓，与怒江、澜沧江分道扬镳折向北形成向南突出的长江第一湾，向北流约100km抵三江口，又以近180°转弯急转南下约100km，包含了丽江玉龙雪山及其紧邻山体组成的丽江玉龙雪山山系。

○ 环古城丽江层圈包容状江-山-盆结构景观

石鼓-三江口-金安的金沙江深切河谷呈带状包围玉龙雪山山系，其间又包裹丽江盆地，组成江河（金沙江）-山体（玉龙雪山山系）-盆地（丽江盆地）丽江江-山-盆层圈状结构。丽江古城位于江-山-盆层圈状结构的核心部位。

长江第一湾的形成，构建了江河（金沙江）-山体（玉龙雪山山系）-盆地（丽江盆地）丽江江-山-盆层圈状结构的格局（图 3-4）。

· 金沙江犹如腰带缠绕巍然挺立的丽江玉龙雪山山系、丽江古城。

· 丽江玉龙雪山山系包容了相对低洼南北向的高原山间盆地丽江盆地。

· 丽江盆地次级白沙盆地与金山盆地包容了丽江古城。

· 丽江古城距西侧金沙江、东侧金沙江、北侧玉龙雪山皆约 20km 左右。金沙江河谷与玉龙雪山山系一衣带水，金沙江水系-玉龙雪山山系与丽江盆地-丽江古城唇齿相依，构成环古城丽江层圈包容状江-山-盆结构景观，涵养了生态环境优美、气候宜人的秀丽江山——丽江古城。

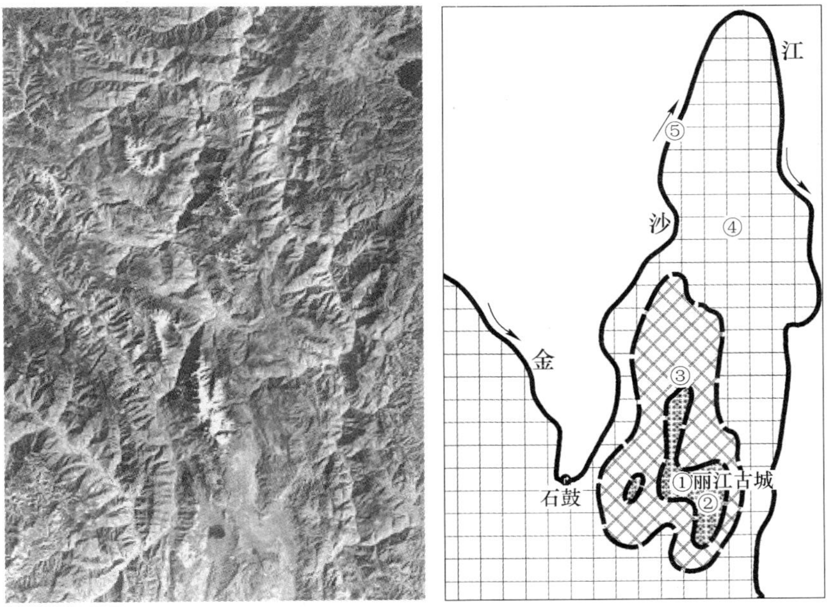

图 3-4 环丽江古城水-山-盆-城层圈生态景观结构

①城—丽江古城；②盆—丽江盆地；③周山—玉龙雪山山系盆缘山体；④环山—玉龙雪山山系主体；⑤水—金沙江

□ 赋予丽江优美生态环境的江-山-盆层圈状结构

丽江盆地的江河（金沙江）-山体（玉龙雪山山系）-盆地（丽江盆地）丽江江-山-盆层圈状结构，构建了丽江独特的优美的自然景观、生态环境，造就了独特的丽江民族文化基础。

丽江江-山-盆层圈状结构的飘带状金沙江水系的环绕，使丽江有丰富的水资源、水能，并产生地域性相对高湿度（水汽）空气。

丽江江-山-盆层圈状结构的环盆地周边山体，使丽江有足够的汇水面积，植被茂密的群山构成丽江绿色水库、绿色氧吧，丰富山地资源。绚丽的自然景观玉龙雪山不仅影响丽江盆地的气候，而且是丽江居民心目中的“神山”，还是丽江居民赖以生存的“固体水库”。向南相对降低的南北向盆地群开放，而在北边群山收敛闭合的山体，使丽江平坝经常处于温湿空气的补给中。

丽江江-山-盆层圈状结构的丽江平坝是绿色群山中的明珠，周边山水灵气环绕，气候相对温湿稳定，水资源丰富，适宜于作物生长。

丽江江-山-盆层圈状结构山川展布，有利于布局南北向为主干的主干交通网络，处于南部盆地群与北部高山峡谷接壤的丽江盆地是天然的南北交往的衔接地带，又是南部白族聚居区与北部藏族聚居区的交界地带。因此，丽江平坝的区位优势使丽江发展成为茶马古道极其重要的古驿站、多民族和睦、多文化融合发展的优选地带，现今三江并流大香格里拉旅游圈重要网络节点。

扩展阅读

□ 环形构造

地球表面有许多具环形、层圈形态的环形构造、环形景观。有的为环状地质单元，有的为环状地貌单元；有的与内生地质作用有关，有的与外生地质作用有关。

环状地质地貌景观有的环体中心呈山体（正地形），有的环体中心呈盆地或湖泊（负地形）；有的层圈层带圈闭完整，有的层圈层带圈闭不完整。

环状地质地貌景观按规模可分为巨型、大型、小型，差别悬殊。

环状地质地貌景观常常影响山水、生态地质环境。

遥感影像景观对环状、层圈状构造显示十分直观。

断陷盆地·菱形网络结构景观

纪 实

◆纪实 ◇1 断裂构造控制的丽江盆地地质景观

丽江盆地按其控盆构造、断陷、沉积作用、空间形态等古地理环境差异，可分为次级的白沙盆地和金山盆地（图 3-5）。

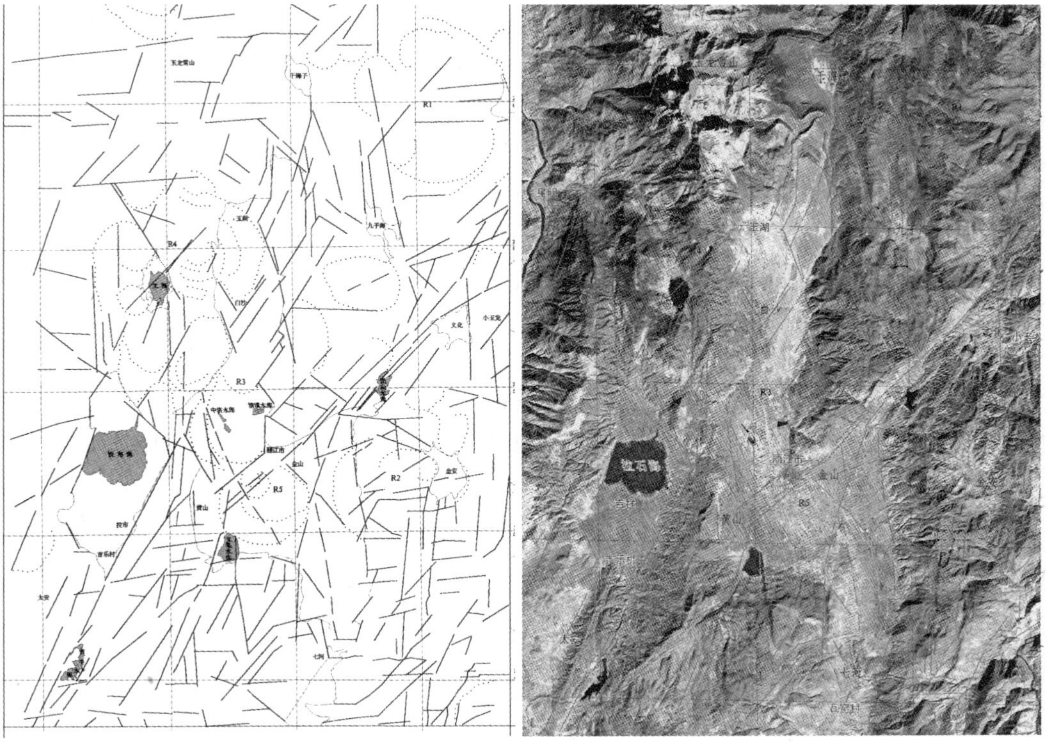

图 3-5 丽江盆地及其菱形影像地质信息网络结构

·区域断裂系统控制

丽江盆地受区域性南北向金沙江断裂带和北东向小金河断裂带控制，北段受控于玉龙山麓东南北向断裂，白沙盆地断陷特点明显，南段受控于北东向小金河扭动断裂，金山盆地呈现拉分扩展特点。盆地比周山低达3000m。

·“h”状盆地形态

白沙盆地呈南北向延伸，长40km，宽3~5km；金山盆地向东扩伸约7km，南北长14km，东西宽11km，整个丽江盆地似“h”状，北端的干海子海拔约3068m，丽江古城海拔2400m，南端海拔2360m，面积约228km^2。

·拉分过程长大形成

在北北西向金沙江-红河右行走滑断裂带和北东向小金河左行走滑断裂带的共同作用下，新生代丽江盆地显示典型的断陷-拉分长大的特点。

丽江盆地被剑川-丽江断裂带左行走滑制约，金山盆地（断裂南盘）相对东移达7km。

◆纪实 ◇ 2　丽江盆地菱形影像地质网络结构景观

○　影像地质网络结构

丽江盆地影像网络结构：丽江盆地的遥感影像显示盆地形态及沉积物等地质景观，呈现明显的菱形透镜状影像地质网络结构。

丽江影像地质网络结构：影像地质网络结构显示丽江盆地的形成及沉积物的类别受菱形断裂网络系统制约。

○　菱形网格状断裂

玉龙雪山东麓断裂带南延的盆地东缘和西缘断裂总体呈南北向延伸，断裂带由近南北向，北北东和北北西次级断裂组成菱形网格状结构，使盆地边界呈现“之”拐状，近盆缘部位见有近南北，北北东、北北西断裂，及断裂破碎带，在遥感图像上，盆地还显示有由近北北西、北北东向，南北向为边界的菱形透镜状影像结构。

白沙盆地东缘、西缘及其内的菱形网格状断裂，狭长而深厚的第四系沉积物“之”拐状盆地边界，总体显示了南北向玉龙雪山东麓断裂带对丽江盆地的控制作用并控制着现今盆地发展及沉积物与地下水特征。

○　丽江复合盆地

伴随第四系活动性构造，丽江市邻近形成以白沙盆地与金山盆地连为一体的丽江盆地，并在其西形成拉市盆地，其北东形成大具盆地，其东形成文化盆地、龙山盆地，其南形成七河盆地，共同组成第四系丽江复合盆地群。这些山间盆地构成了丽江社会经济发展的良好的农业地质资源环境。拉市盆地海拔最高，白沙盆地、金山盆地次之，大具盆地、七河盆地海拔最低。各盆地气候及自然环境差异，盆地群的有机组合为丽江城市发展良好格局及功能调整提供了有利的自然环境条件。

湖 盆
·断陷岩溶造就的山间湖盆

纪 实

◆纪实 ◇ 1 丽江湖盆群

历史上的“丽江”通常指原丽江县，包括现今的玉龙纳西族自治县和古城区；其社会经济及文化中心即为县府所在地大研镇，现今所称的丽江古城。广义的丽江盆地包括以白沙盆地、金山盆地组合成的丽江盆地和拉市盆地；狭义的丽江盆地指丽江古城周边白沙盆地、金山盆地组合成的丽江盆地/平坝。

丽江东部南段是盆地发育的地段，又可以南北向的玉龙雪山-马鞍山-文笔山一线分为西部的拉市湖盆和东部丽江湖盆群。

丽江湖盆群是丽江主要的坝区和人居密集地段，以白沙盆地和金山盆地相连的丽江盆地为主体，湖盆发育，其北端有文海、玉湖，南端有文笔海；湖盆相依构成高原中的湖盆群。以断陷-岩溶-冰川复合湖盆为主。

◆纪实 ◇ 2 丽江盆地群

□ 丽江盆地群

白沙盆地和金山盆地呈“h”相连、南北向延伸的盆地（即丽江坝子），其东有龙山盆地、文化盆地；其南有七河盆地；其北有大具盆地。盆地群总体成南北向展布（图3-6）。

○ 丽江盆地态势

丽江盆地根据地貌形态、高程分布、岩土特征及成因环境，周边有低中山山地，边缘有侵蚀台地、洪积台地、洪积扇（裙）；山前凹地、构造残山；中部为堆积平原。

丽江盆地北高南低，白沙坝子北端的干海子海拔高程约 3068m，丽江古城海拔 2400m，金山坝子（东坝子）南端海拔高程 2360m。而且盆地倾斜变化北陡南缓，北部坡降 50‰~20‰，中部坡降 20‰~10‰，南部坡降 10‰~3‰。

○ 丽江盆地冰川-河-湖相沉积物

丽江盆地第四系为受断陷-岩溶作用为主，伴有冰川作用的冰川-河-湖相沉积物，由北向南由冰川相向湖沼相过渡，北部以冰川沉积为主，南部以湖相沼泽为主，河流相贯穿盆地。白沙盆地沉降中心呈南北向线状，厚大于 1000m；金山盆地逐渐向东扩大，沉降形态呈四边形，厚逾 600m（图 3-7）。

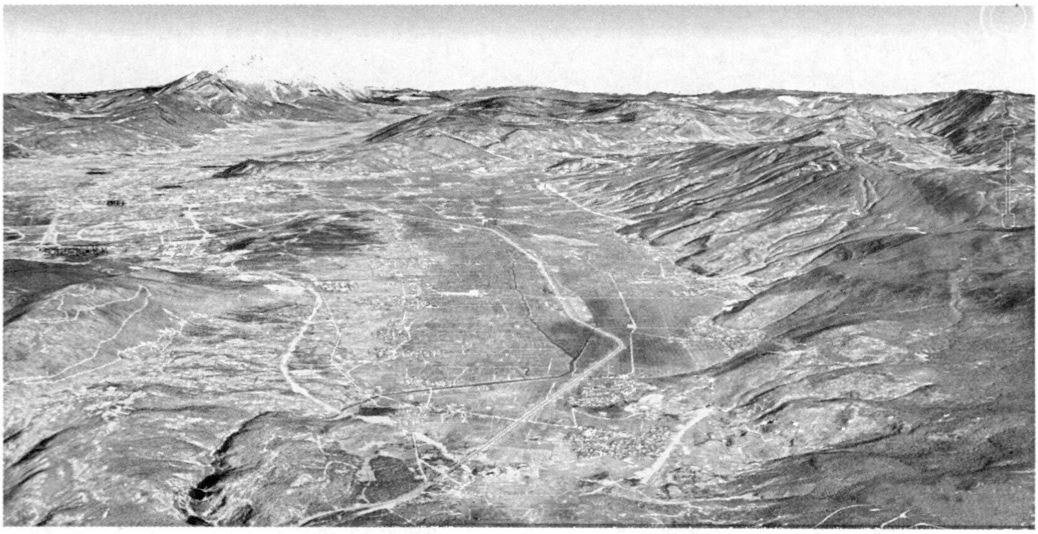

a 金山与白沙盆地

b 金山、白沙、大具盆地

图 3-6 丽江盆地景观

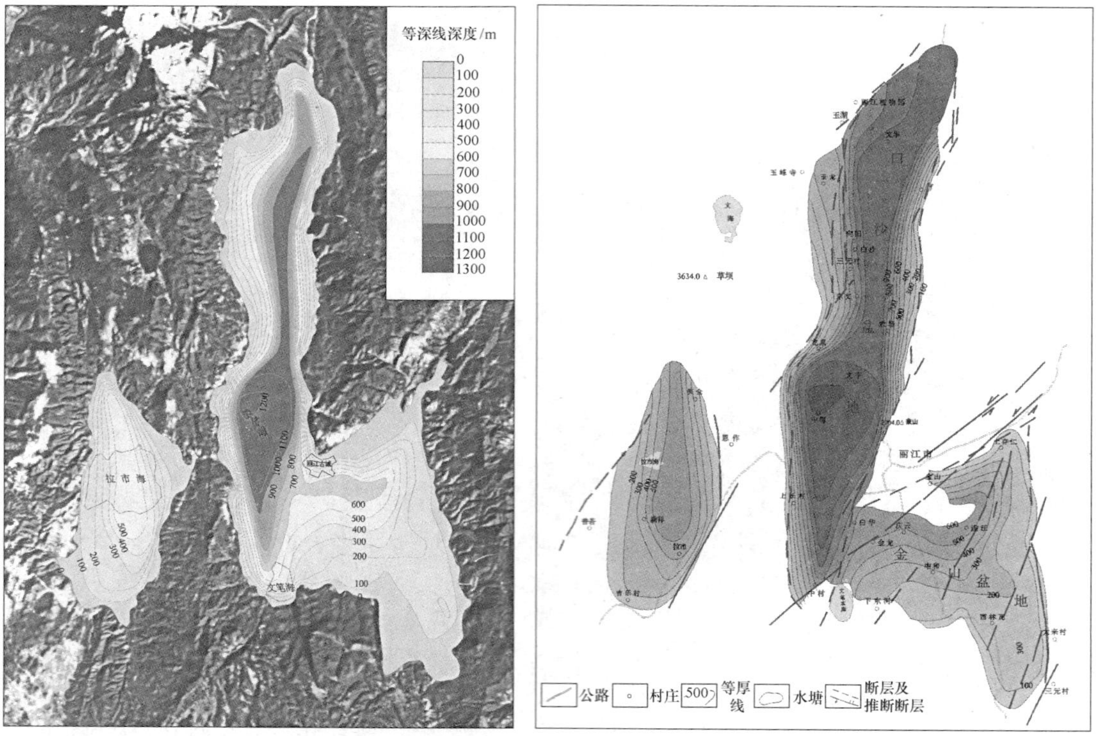

图 3-7　丽江盆地基岩埋深略图

□　**丽江盆地与玉龙雪山和丽江古城**

丽江盆地西北部极高山玉龙雪山是欧亚大陆典型的现代温冰川，雪峰周边发育有第四纪。

丽江盆地总体呈南北向展布的山间盆地，周边为极高山、高山山地，北边为玉龙雪山（5596m），东北为石板凳（3357m）、东边为震青山（3275. 8m，又称祭阱山），南边为五台山（3182. 9m），西边为马鞍山（3008. 5m）。丽江盆地由西部白沙盆地与东部金山盆地连为一体，总体呈南北走向展布，长逾 40km，宽北部 3~4km、南部 11km，北窄南宽，总面积约 $225km^2$。

丽江古城位于丽江盆地中部，丽江盆地的次级盆地西部白沙盆地与东部金山盆地过渡地带的侵蚀残山狮子山山麓。

玉龙雪山位于丽江盆地北缘，拔地而起。白沙坝子和狮子山直面玉龙雪山，金山坝子可看到玉龙雪山主峰。白沙坝子比其西北玉龙山主峰低 2528m；东坝子比其东震青山低约 1000m。

·丽江盆地西界受控于玉龙山麓东南北向断裂，而东坝子的北界受控于小金河断裂。整个盆地的发育受控于继承性活动的基底构造。丽江盆地沉积相变化较大，反映了该区较复杂的盆地古地理环境。

·盆地展布部位为断裂构造和碳酸盐岩层发育部位；断陷作用、岩溶作用、复合冰川作用形成了丽江断陷岩溶湖盆。

·丽江盆地古近系丽江砾岩为丽江提供了具有丽江特色的“五花石”建材。

·丽江盆地第四系厚大的松散堆积物为坝区储备了丰厚的地下水资源。

·周边环山的盆地构成了丽江社会经济良好发展的农业资源环境和适宜人居的乡村田园景观。

丽江湖盆、丽江古城、玉龙雪山地质地貌景观精致组合结构，构成了地文人文地景优良耦合的旅游地质资源环境和旅游地质文化。

◆纪实 ◇ 3 丽江湖群

丽江湖群与丽江盆地相伴相依，展布于较大的丽江盆地（拉市、白沙、金山）。其中，拉市盆地的拉市海湖面最大，水体稳定，具候鸟栖息的湿地特征。

文笔海、玉湖分别位于白沙盆地南端和北端；文海位于白沙盆地西麓（图 3-8、图 3-9）。

a 文海　　*b* 文笔海　　*c* 玉湖

图 3-8 丽江湖群遥感图像

a 文笔海　　*b* 玉湖(干枯季节)

图 3-9 文笔海与玉湖

◆纪实 ◇ 4 拉市湖盆·湿地公园

拉市海为高原湖泊，又称拉市海高原湿地公园。位于丽江拉市坝偏北部，是云南省第一个以“湿地”命名的自然保护区。

□ 拉市湖盆与湿地

拉市坝四面环山，与丽江盆地仅一山（马鞍山）相隔，呈南北长约12km、东西宽约6km的菱形。盆地面积58km^2，海拔2437~2500m。盆地中心为内陆湖泊——拉市海（图3-10）。

图3-10 拉市湖盆湿地遥感图像

拉市湖盆为断陷-岩溶湖盆。湖盆主要分布冲洪积砂质黏土、砂砾石层及湖积淤泥，泥炭砂质黏土及草煤。

拉市海水体主要由大气降水、地表水补给，部分为地下水、暗河、泉渗入。湖水从西北侧指云寺落水洞、暗河溶洞泄出；20世纪末，通过拉市海隧洞补给丽江坝用水。

拉市海湿地属内陆湖泊、高原湿地。拉市湖盆年平均气温15℃，最高月平均气温18℃，最低月平均气温3.9℃，多年平均降水量为1000mm，平均蒸发量为650.9mm。水位呈季节性周期性变化，4~6月为枯水期，6~9月为丰水期，10月~次年4月为淹积期。历史最高水深达12m。

拉市海湿地水资源较为丰富，且有较好动态平衡，具有适宜生物多样性的良好湿地环境功能。

□ 拉市湿地生物多样性

·野生动物群落：野生动物繁殖、栖息、迁徙、越冬栖息地。目前拉市海湿地有鸟类57种，每年越冬鸟类约有3万只左右，其中有珍稀濒危鸟类9种，如青藏高原特有的鸟类斑头雁，国家一级保护的鸟类中华秋沙鸭、黑颈鹤、黑鹤等。

·植物群落：植物种93种，隶属31科、71属，天然植物群落16个。

□ 拉市湿地自然保护区

1998 年 6 月建立云南丽江拉市海高原湿地自然保护区，包括拉市海、文海、吉子水库、文笔水库等 4 个片区，总面积 6523km^2，其主体部分拉市海片区，面积 5330km^2。

拉市海高原湿地列入中国重要湿地名录。

2004 年 12 月，拉市海被确定为国际重要湿地。

1998 年，大自然保护协会开始在拉市海湿地开展保护项目；2001 年作为首批示范项目点。

2006 年初，中国全国湿地保护工程全面启动。拉市海湿地被纳入国家首批湿地示范项目。

□ 丽江拉市海高原湿地旅游地

拉市海高原湿地已成为丽江高原湖盆湿地型旅游地。主要旅游景观有湖泊水域景观、湿地草甸景观、鸟类迁徙栖息景观为主体特色；有乡村原野、田园风光，民族风情、宗教文化（图 3-11）。

图 3-11　拉市海湖泊湿地景观

◆纪实 ◇ 5 文海·湖盆

文海，位于玉龙山主峰扇子陡西南麓，海拔约3000m，季节性的湖泊，湖水从湖南部的落水洞泄流。水源除雨季大气降水汇集外，常年有山泉和地下水补给。雨季和旱季的湖面面积相差达5倍。大多数时间文海呈现为较宽大的草地环绕中心湿地湖泊的湖盆景观。秋冬季节湖水较丰，有候鸟栖息，玉龙山辉映湖水景色尤为精美；春夏湖面较小，但湖周形成开满各色的鲜花草场，其中报春花特别显眼，还常有零星或成群的牛羊骡马（图3-12、图3-13）。

a 枯水季节湖及湖滩

b 枯水季节北端的入湖水流

c 枯水季节南端裸露的泄水构造

图3-12 枯水季节放水改造时（2013年4月）文海景观

a 湖岸斜坡季节性泉眼

b 水源地之一的湖北侧的山水村落

图 3-13　文海水源地

释　义

◆释义 ◇ 湖盆湿地

□　湖盆旅游景观

地表陆地中相对封闭呈一定面状展布的水体，大者为海，小者为湖或塘。

湖泊多嵌布于绿山丛林，风光绮丽，湖畔多盆地平坝草地，构成湖盆旅游景观，适宜人居，形成优美的风景区。如江西鄱阳湖，湖南洞庭湖，江苏太湖，杭州西湖，云南滇池、洱海，黑龙江镜泊湖和五大连池，青海青海湖，新疆塔里木罗布泊，台湾日月潭。

湖盆旅游景观除了水体景观本身外，更具旅游观赏价值的是湖海滨岸景观，如海湾沙滩、海岸林木花草、湖滨草地、海滨湿地景观、湖心岛景观。不同生态环境、不同地域环境下，特色各异的湖海及其周边组合成的湖盆复合旅游景观，是极具吸引力的风景名胜区和旅游胜地。内陆湖海成因多样性，如地壳不均匀升降的坳陷湖（洞庭湖、鄱阳湖）；陨石坑湖（太湖）；断裂构造控制的断陷湖（云南抚仙湖、阳宗海）；火山喷发形成的火山湖（长白山天池）、堰塞湖（黑龙江五大连池）。相应湖盆景观特色奇异性，成为重要的科普科考与观赏皆优的旅游景观。在地质构造发育、地壳抬升明显的高原山地，湖泊往往与盆地相伴相依发育构成湖盆共生的湖盆地质景观，如三江并流带、滇西北地区高山峡谷中的湖盆景观往往构成景色秀丽、适宜人居、旅游休闲度假的旅游资源。

□ **山原湖盆**

展布于山原的湖泊盆地，通常都相依而现，或相依而转换。盆积水而现湖，湖水干涸而显盆。周山植被繁茂、生态环境优良的湖盆，湖泊长存；周山岩漠化的湖盆，生态环境退化；周山、盆地急剧土壤侵蚀，导致湖泊淤积乃至干涸消亡。

在新构造运动活跃碳酸盐类地层广布地带，断陷加溶蚀而成的湖盆，常成群成带的规律展布；冰川作用发育的地带，湖泊常与冰川地貌相伴，在湖畔伴多高山花卉繁茂的草地。

湖盆转换，呈现了地球沧桑演变的生命机理。

□ **山原湿地**

地球陆地表面有水体，江河、湖海、库塘，积水、流水，长期受水浸泡或富水地带，通称湿地。包括河流湿地，湖泊湿地，沼泽、沼泽化草甸湿地，人工库塘、蓄水区湿地。

山原中的湿地常常是生物多样性的地域，是极富生命气息的温馨地域。湿地是地球之肾，是人类生存最为重要的生态环境系统，是最宜人居的生态地质环境。

扩展阅读

◆扩展阅读 ◇ 云南湖盆湿地

○ 国家湿地公园

云南红河哈尼梯田国家湿地公园，洱源西湖国家湿地公园。

○ 湿地自然保护区

丽江拉市海高原湿地自然保护区，腾冲北海湿地保护区，碧塔海湿地自然保护区。

昭通大山包自然保护区。

○ 丽江邻近湖盆湿地

香格里拉纳帕海、属都湖、碧塔海；剑川剑湖，洱源西湖，大理洱海；永胜程海；宁蒗泸沽湖。

○ 云南典型湖盆群

· 滇中湖盆群：滇池，昆明；抚仙湖，澄江；星云湖，江川；杞麓湖，通海；异龙湖，石屏。

· 岩溶峰林湿地：丘北普者黑岩溶峰林湿地，曲靖海峰岩溶峰林湿地。

泉 潭
·地下溢流的水

纪 实

◆纪实 ◇ 1 丽江泉潭

丽江泉潭较多，从旅游价值的角度来看，主要有：

·古城泉群：展布于古城及其邻近的黑龙潭、白马龙潭，以黑龙潭为知名。

·盆地周边泉群：展布于丽江盆地周边。有束河九鼎龙潭、白沙玉水寨泉、七河黄龙潭、金山东山庙泉、龙蟠阿喜泉。

·金沙江沿岸：有鲁南热水塘温泉、大东温泉、树底温泉、龙蟠温泉。

丽江的泉潭经常是泉湖相伴，如玉湖、文海。泉与寺观相伴，如黑龙潭、白马龙潭、文峰寺、玉峰寺。

◆纪实 ◇ 2 黑龙潭

□ 泉潭

黑龙潭位于古城北象山脚下，俗称玉泉龙王庙。又名玉水龙潭、象山灵泉、玉泉公园、龙王庙。黑龙潭因水清澈如玉，故得名玉泉；因光绪皇帝敕加“龙神”封号，故龙王庙又称龙神祠；作为供民众休闲的园林名胜，又称玉泉公园。

潭水涌溢于象山脚下三叠系灰岩、白云质灰岩断裂破碎带，泉群溢出带长约2000m，泉多呈涌溢；泉潭中有多处壮观涌泉，泉水汇集成潭；积水泉潭达$5\times10^4km^2$。黑龙潭是泾流丽江古城四方街的玉河源流。

泉潭的泉水从右堤锁翠桥下呈三孔飞瀑出潭，流向古城。桥上古人有联：“惊涛撼树飞晴雪，未雨垂虹卧曲波。”泉潭中建有一文亭、得月楼、五孔石拱桥。

黑龙潭东古栗树丛中有历代石碑，聚集有丽江较高价值的石碑。

黑龙潭园内还有东巴文化研究所和东巴文化博物馆。

晶莹清澈的玉水泉潭和玉龙雪山遥相辉映，山中有水，水中有山，山水相映，呈现丽江古城景观与玉龙雪山的山水城融为一体（图3-14）。

图 3-14　黑龙潭与玉龙雪山山水景观融为一体

□ 名胜

玉泉龙神祠/玉泉龙王庙建于清朝乾隆二年（公元 1737 年），光绪十五年（公元 1889 年），光绪皇帝敕加“龙神”封号，后改称黑龙潭。修建有龙神祠、得月楼、锁翠桥、玉皇阁、戏台、万寿亭、五孔桥等园林建筑；又迁入五凤楼、解脱林门楼、光碧楼、听鹂榭、忠义坊石狮、文明坊、一文亭等明清古建筑，构成泉潭景色优美、文化底蕴浓厚的园林名胜、中国名泉。

·玉泉龙神祠，祠坐东朝西，为四合五天井大院，有门楼、两厢、大殿。大殿为单檐歇山顶，面阔进深三间，前有月台；门楼高悬“天光云影”四字榜书。前面为得月楼、戏台。

·五凤楼（又名法云阁），原于明万历二十九年（1601 年），建于芝山福国寺内，1974~1977 年迁至黑龙潭。五凤楼高 20m，为三叠八角飞檐楼阁，共有 20 个啄天飞檐，从各个角度都见五个飞角，就像五只欲飞的凤凰，故名“五凤楼”。此楼将汉、藏、纳西民族的建筑特点融为一体。原是木土司的别墅及家庙。明崇祯十二年春，徐霞客游历丽江，曾留居此楼八日，为土司木增编校杂著并作序，木增土司曾在寺内会见过明代著名旅行家和地理学家徐霞客。

·牌楼门口四尊石狮，肌理秀美，威武雄壮。原为守护木氏土司衙门，1966 年迁玉泉龙潭。

·五孔石拱桥，跨于泉潭中部；一文亭、得月楼四面临水分别立于内外潭心，用桥与泉潭外部相连。

·得月楼始建于清光绪二年（1876 年），楼名取自古人对联“近水楼台先得月，向阳花木早逢春”中的三个字。1963 年重建时，郭沫若为该楼题写了匾额“得月楼”及两副对联：

春风杨柳万千条，风景这边独好；飞起玉龙三百万，江山如此多娇。

龙潭倒映十三峰，潜龙在天，飞龙在地；玉水纵横半里许，墨玉为体，苍玉为神。

□ 知名度

黑龙潭以其特质，名列《中国名泉》《中国风景名胜》。

以五孔桥、得月楼与黑龙潭中的雪山倒影组成龙潭映雪，是丽江经典风光地标。

五凤楼兼具汉、藏、纳西民族的建筑特点，属省级重点文物保护单位。

◆纪实 ◇ 3 黑龙潭动态景观

□ 泉水涌溢时的黑龙潭

古城北的象山西麓的黑龙潭，清泉涌溢，汇流成潭。依山傍水、错落有致地展布着龙神祠、得月楼、五凤楼等古建筑。玉龙雪山与之辉映。

□ 丽江黑龙潭 2012 断流干涸景观

据历史上记载，因受生态地质环境影响，黑龙潭曾出现过多次短暂的断流。2012 年 1 月开始断流，至 2013 年完全干涸（表 3-2）。

表 3-2　丽江黑龙潭泉水断流干涸历史记录

黑龙潭泉水断流干涸时间	黑龙潭泉水断流干涸记录
1736 年（清乾隆元年）	旱，夏四月，玉河水源干涸
1886 年（清光绪十二年）	三月，玉河源枯竭，六月初，源出如故
1890 年（清光绪十六年）	玉河源复枯竭
1896 年（清光绪二十二年）	五月二十九日，玉河源枯竭，八月复出
1916 年（民国 5 年）	玉泉水枯竭
1977 年	（丽江）全县干旱，玉泉水干涸
1982 年	玉泉干涸，农业作物、人畜饮水困难
1982~1984 年	大旱，玉河连续干涸 755 天
2004~2006 年	黑龙潭连续三年断流
2007 年 3 月 19 日~7 月 26 日	持续暖干，黑龙潭断流
2012 年 1 月断流；2013 年干涸见底	持续断流

黑龙潭泉水 2012 年开始持续断流，失却了水-树-亭-山相依相映的融合景观，也失却了黑龙潭与玉龙雪山融为一体的山水景观。干涸的潭底，黑龙潭泉潭原先最为壮观的涌泉部位，显露出侵蚀残余的滚圆度高、分选程度高的河流河床沉积层，显露了泉潭地下水涌泉的地质结构景观（图 3-15）。

其后，引入地表水后，才又呈现潭水与雪山辉映的景色。但涌泉却已不复存在。涌泉能否再现，有待自然/生态地质环境、水环境系统的周期性发展变异。

◆纪实 ◇ 4　古城泉群

象山南侧、狮子山东侧，古城清泉成群。主要有白马龙潭，溢璨泉；狮子山泉，狮乳泉（半月泉三眼井）；八河三眼井；甘泽泉；玉河村泉。

□　白马龙潭 · 三眼井

白马龙潭位于象山南东坡脚，泉潭直径约 15m，底有细砂；涌泉间歇式涌出，在潭底游移，此起彼伏，轻轻翻卷细砂。泉潭周边镶砌圆形围堤。泉水清澈，从南东向外流出，入古城地标式的白马龙潭“三眼井”。泉潭西北侧山麓建有白马龙潭寺（图 3-16）。

◆纪实 ◇ 5　盆地周边泉群

□　玉水寨

玉水寨位于玉龙雪山南麓，海拔约 2500m。北端山崖下清泉喷涌而出，千年古树枝叶繁茂，树木苍翠。涌泉溢流，潭水跌落，呈现三叠水瀑布群。“出龙瀑、戏龙瀑、送龙瀑”“神龙三叠水”内涵了自然景观与人文融合的圣洁的“三叠水”文化。天人合一的玉水寨，天然纯朴，山水、花木、丛林，原生态风景秀丽。玉水寨是丽江东巴文化的传承展示地，玉水寨旅游景区为国家 AAAA 级旅游景区（图 3-17）。

○　神泉

茂密的山林山崖下，枝叶繁茂的千年古树下，喷涌而出的清泉。

图 3-15　泉水断流的黑龙潭景观

图 3-16 白马龙潭·三眼井

○ 神龙三叠水

溪泉水顺山坡而下，汇集形成泉潭相连的三叠水瀑布群。

○ 纳西文化传承展示圣地

·东巴村：按纳西族的传统生活方式建成，是东巴文化的传承基地，有东巴大师传授东巴文化知识。

·古代纳西族生产生活展示：展示古老的生产技能的东巴纸造纸坊、东巴酒酿酒坊、老织布机。

·东巴文物展览厅。

·纳西传统歌舞展演：展演纳西族原汁原味的代表性传统歌舞，如纳西古乐、《白沙细乐》；原始歌舞《仁美蹉》《喂蒙达》《谷器》《呀哈里》《勒巴舞》等 30 多个歌舞节目。

·东巴祭祀：通过祭天、祭署、祭风仪典，展现东巴文化祭祀文化。

·东巴壁画：用东巴画的技法展现东巴文化。

·东巴什罗庙：传统的东巴祭祀、东巴会的场所。每年农历 3 月 5 日东巴什罗庙举办东巴什罗会。

图 3-17　玉水寨旅游景观

□　**九鼎龙潭**

束河古镇西侧聚宝山石岩山山麓，九鼎潭和疏河潭为束河三条河之源（图 3-18）。

□　**东山庙泉潭**

东山庙泉潭（灵泉），位于金山盆地东缘，震青山脚泉潭（图 3-19）。

图 3-18　九鼎龙潭

图 3-19　东山庙龙潭

□　阿喜泉

玉龙山西麓，金沙江南岸泉潭（图 3-20）。

图 3-20　阿喜泉

◆纪实 ◇ 6　丽江温泉

丽江温泉主要分布于金沙江沿岸（图 3-21）。

鲁南热水塘温泉位于石鼓与虎跳峡间龙蟠鲁南，分上、中、下三塘。

大东温泉、树底温泉位于玉龙湾南流金沙江西岸。泉塘伴有钙华。

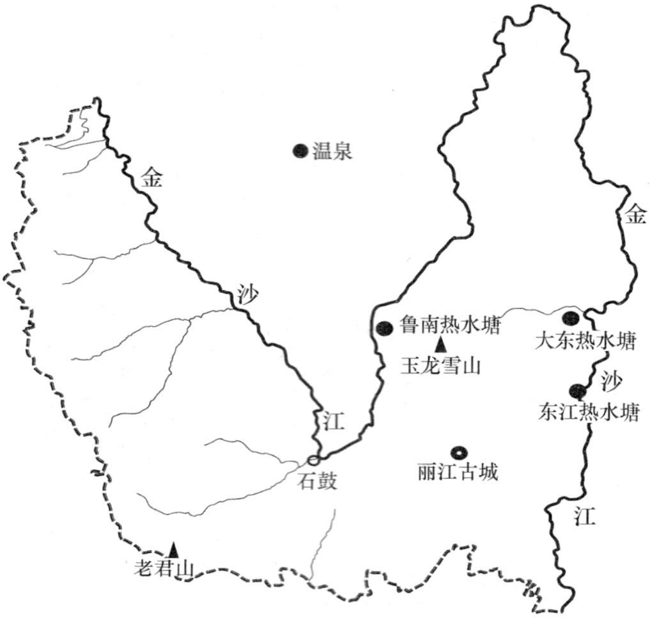

图 3-21　丽江旅游温泉分布图

释　义

◆释义 ◇ 泉、泉华

□　泉

泉是地下水的天然排泄露头，当含水层出露地表或因构造断裂等形成通道，地下水便涌出地表形成泉。根据的泉出露状态，具有承压水头的泉呈上涌，称上升泉，涌泉、喷泉为非承压的地下水露头，称下降泉、自流泉。根据泉眼出露的多少分为单泉、双泉和泉群等。

泉水温度高于常温时，分别称为温泉（泉口水温高于 25℃，低于 45℃）、热泉（高于 45℃，低于当地水沸点）和沸泉（又称蒸汽泉，温度高于当地水沸点）。

较多的温泉、热泉大面积分布地域，又称地热田。从水源（大气降水等）经深循环到温泉涌出地表，称为水热对流系统。热流梯度（热源）、含水储热层（或称热储）和盖层是理想地热田的三个要素。

大流量的热泉集中出露，可形成热水塘、热水溪、热水河、藻类繁生的热水沼泽。热水河如西藏察雅县曲真热水河、那曲县索布查热水河和云南河口热水河，水温达 103℃。

当泉水含有特殊化学组分又符合卫生标准时，称为矿泉。具有重要的医疗价值。

□ 泉华

当泉水在溢流地表物理化学条件改变时，含较多的矿物质的泉水，往往在泉水溢出口及附近分解析离淀积不同矿物组成化学堆积物——泉华。按其主要成分可分为石灰华（钙华）、硅华、硫华、盐华等泉华，锥状、蘑菇状、扇状、幔状等泉华台地。

泉华的堆积形态有锥状（泉华锥）、蘑菇帽状（泉华蘑菇）、扇状（泉华扇）、幔状（石幔）、台阶状（泉华台阶）、梯田状（泉华梯田）、瀑布状（泉华瀑）、堤状（泉华堤）等。有的在泉华锥和泉华蘑菇上可找到泉出水口，泉华堆积物大多呈同心层状。

扩展阅读

◆扩展阅读 ◇ 名泉景观

□ 名泉

国外名泉，如美国黄石公园的间歇喷泉（老实泉），日本有温泉 2600 余处；德国巴登有温泉或矿泉的疗养胜地；法国的依云，背靠阿尔卑斯山，面临莱芒湖，依云是法国人休闲度假胜地，夏天可疗养，冬天能滑雪，还有最著名的依云水；泰国华欣，以温泉洗疗闻名；匈牙利黑维斯温泉城，是欧洲最著名的温泉小城，有欧洲最大的硫黄泉，泉水表面水温 33~36℃；新西兰罗托鲁阿火山温泉是火山口湖，罗托拉山共有 13 个湖泊，是南半球最有名的泥火山和温泉区，城中的热泉和泥浆地数不胜数，到处弥漫着浓浓的蒸汽和硫黄气味，置身其中犹如腾云驾雾一般。

世界上地热田资源最丰富的是冰岛和新西兰，都是火山-地热田。世界上最大的温泉湖是新西兰煎盘湖，湖面 38 万平方米，常年水温 50℃，还有红、黄、蓝三色香槟湖，沸腾的泥浆池，间隙喷泉。

□ 涌泉旅游景观

地下水在地表溢流的泉水，以其溢出方式、水温水质差异，加之泉水溢流自然环境的差异，形成各种旅游景观。

泉水含有益于人体的矿物质活微量元素，或其水温适宜有医疗保健作用，是重要的康体旅游资源；或水质清醇宜于品茶酿酒，许多名泉成为自然景观与人文景观融合的度假疗养旅游胜地。

从景观观赏角度，无论是温泉还是冷泉，景观奇异的涌泉都具有自然观赏价值。例如杭州珍珠泉、济南珍珠泉。

更多的涌泉旅游景观是与涌泉产出环境伴生产物而呈现的涌泉泉华旅游景观。如云南腾冲火山热海的涌泉伴有二氧化硅为主成分的泉华锥；云南香格里拉下给温泉涌泉伴有多种形态的泉华锥和泉华堤。

许多泉因其具有康体、医疗价值，利用其周围的自然环境，被人工营造了许多园林建筑景观，成为康体、休闲、度假、观光的人文旅游景观。

□ **中国名泉**

我国著名的泉有江苏镇江金山寺外的中冷泉、泉城（济南）108处清泉中的趵突泉，大多是以泉流量、承压上涌或味感或含气似珍珠状等奇特性而吸引游客。

还有江西庐山大汉阳峰南康王谷帘泉、江苏无锡惠山寺冷泉、北京西郊玉泉山北京玉泉、山东济南趵突泉、山西太原晋祠三泉、河北邢台百泉、浙江杭州龙井泉、湖南长沙白沙古井、甘肃敦煌月牙泉、酒泉市酒泉、苏州虎丘观音殿后的观音泉等。

雪　山
·碧雪峰岭玉龙山

纪　实

◆纪实◇1　玉龙雪山

□　玉龙雪山雪峰冰河

丽江县境的玉龙雪山，属云岭山脉的东支，地处北纬26°18′，是我国最南端、纬度最低的现代海洋性暖冰川之一。玉龙雪山主峰扇子陡峰海拔5596m。

玉龙雪山于丽江盆地北缘拔地而起，高于平坝3000m，山麓陡峻雄伟；主峰扇子陡如玉柱擎天；雪山由13峰峦叠相连，间有19条冰川，状似银龙腾空。雪山上冰斗、角峰、刃脊、槽谷、冰碛地貌景观发育。现代雪线以下，古冰川活动遗迹广泛。

玉龙雪山山麓发育有悬冰川、冰斗冰川、山谷冰川及其间的过渡型冰川组成的19条现代冰川。雪山东麓15条冰川，玉龙雪山西麓4条冰川，漾弓江水系与白水河水系间的白水1号冰川为主峰扇子陡邻近、玉龙雪山规模最大的冰川长2.7km。近代冰川都有不同程度退缩。

丽江古城之北约15km的玉龙雪山，是我国最南端、纬度最低的现代海洋性暖冰川之一。玉龙雪山峰脊南北延伸约35km，东西宽13km，呈南北向带状展布，其北端为金沙江最宏伟的虎跳峡峡谷。玉龙雪山与虎跳峡之北的白茫雪山遥遥相望。玉龙雪山主峰扇子陡海拔5596m，哈巴雪山主峰海拔5396m。哈巴雪山与玉龙雪山总体构成一近南北向雪山群，二者处同一地质构造单元——由下古生代地层为轴部、上古生代地层为两翼的玉龙-哈巴雪山复背斜，具有相似的地质构造环境。

玉龙雪山上小型冰川、冰斗、角峰、刃脊、槽谷以及冰碛地貌景观十分发育。东坡的现代冰川正在退缩中，终碛垄抵达海拔2466m的丽江坝北部边缘。

□　玉龙雪山冰川的三兴三衰

第四纪以来，玉龙雪山至少经历了三次冰川活动，也就是说，雪山冰川曾三起三落，最早期为金江冰期，第二期为丽江冰期，第三期为大理冰期。冰期间称为间冰期，为冰川消融时期。从早期到晚期，雪山冰川的雪线不断提升，积雪和冰川范围逐渐退缩，冰川发育情况说明，玉龙雪山是既有现代冰川、又有多期古冰川遗迹的复合型冰川地质景观。

第一期称金沙江冰期，大约发生在320万年前，推测雪线高度2000~2500m，属大陆冰盖或山原冰帽性质；第二期为丽江冰期，发生在晚更新世，为山岳冰川，雪线高度3500~4000m（另一说法为3879m）；第三期为大理冰期，也发生在晚更新世（约1.9万年前），仍为山岳冰川，雪线高度4000~5000m，冰川遗迹保存完好。主体气候带明显，植物组成了非常明显完整的山地垂直带谱，成为滇西北横断山脉植物区系的缩影。具有重要的科考、探险价值。

◆纪实 ◇ 2　玉龙雪山冰川演化

玉龙雪山冰川的发展演化，与其邻近的梅里雪山冰川演化十分相似。

近20年来出现消融量增加、冰舌位置后退、冰川面积减小、雪线上升现象。据中科院丽江玉龙雪山冰川与环境观测站资料显示，1982~2002年，玉龙雪山最大的白水1号冰川冰舌大约后退了250m，厚度和积雪面积也在减小。冰川末端海拔高度由2004年的4255m上升至2009年的4320m；海拔4680m处的冰川宽度由2004年的336m缩减为2009年的318m。全球气候变暖是玉龙雪山冰川退缩的主要原因。

○　白水1号冰川消退

白水1号冰川近100年左右的海拔及冰舌位置进退变化情况，表明冰川总体呈现消退趋势。白水1号冰川小冰期冰川长3.4km，近代玉龙雪山冰川发育有进有退、有波动。

◆纪实 ◇ 3　旅游地景观

南北延伸逾40km的玉龙雪山冰雪峰岭，不同部位、随季节变化景观多姿多态。在玉龙雪山及其四周可观赏到玉龙雪山的景观百态（图3-22）。

a　从东远眺远玉龙雪山

b 从南东甘海子远眺玉龙雪山

c 白水河源区雨雾中雪山

d　从南丽江古城远眺玉龙雪山

e 从南丽江盆地远眺玉龙雪山

f 从西阿喜龙蟠远眺玉龙雪山

g 从北虎跳峡北岸远眺玉龙雪山

h 从北西远眺玉龙雪山

图 3-22 玉龙雪山景观

○ 雪山冰川

玉龙雪山现代雪线高度为海拔 4800~5000m。主峰扇子陡 5955m，发育有悬冰川；海拔 4500~5000m 左右，分布冰斗、冰川、角峰、刃脊；往下，多下古冰川遗迹。

在玉龙雪山中段海拔 4000~4200m 以上的地段，发育有 19 条现代冰川，其中东坡 15 条，西坡 4 条。

○ 冰塔林

位于在玉龙雪山主峰扇子陡的正下方的现代冰川“白水一号”长达 2.7km。冰舌部分发育冰塔林，“绿雪奇峰”（即李霖灿先生描绘的变幻莫测的雪山）。

○ 主峰扇子陡

玉龙山主峰扇子陡，位于玉龙雪山南麓，形似倒置的银铧。

○ 牦牛坪

牦牛坪位于玉龙雪山东麓，为周边原始森林的高山雪原草甸牧场，有水质清澈的水泊，似锦繁花、如茵绿草、素裹银装、悠闲的牦牛，四季风景如画。

○ 云杉坪

玉龙雪山东坡白水至三大湾海拔约 3240m 的平缓起伏草甸地带，周围云杉林木参天。有传说中梦幻般的“殉情第三国”、“玉龙第三国”之称。

○ 甘海子

玉龙雪山东坡前海拔约 3000m、长约 4000m，相对开阔的山间洼地、草甸牧场、花草树木。周围长满成片的、高约 2~3m 的低矮的云南松林。

○ 白水河·蓝月谷

玉龙雪山东坡，冰雪融化汇成清澈如镜的常流河谷。白色灰岩、大理岩的河床使流水呈现白色，故名“白水河”。

在晴天时，月牙形山谷中白水河的水呈蓝色，故又称蓝月谷。

○ 黑白水

玉龙雪山东麓，溪流经相伴的白色石灰岩的河床和黑色玄武岩的河床，河水分别呈白色和黑色，故又称黑白水。

◆纪实 ◇ 4 旅游地风物/民族风情

·玉龙雪山周边有浓郁的纳西族传统民族风情

玉龙雪山是纳西族及丽江各民族心目中的神山，纳西族的保护神“三朵”就是玉龙雪山的化身，至今丽江还举行每年一度盛大的“三朵节”。

唐朝南诏国异牟寻时代，南诏国主异牟寻封岳拜山，曾封赠玉龙雪山为北岳，元代初年，元世祖忽必烈到丽江时，曾封玉龙雪山为“大圣雪石北岳安邦景帝”。

◆纪实 ◇ 5 旅游地特色/品牌

□ 玉龙雪山冰川

·有三期冰川例证形迹的现代冰川

第四纪冰川活动的金江冰期、丽江冰期、大理冰期三次冰期和间冰期冰川遗迹。

·北半球纬度最低的现代冰川

主峰扇子陡海拔5596m，如玉柱擎天，状似银龙腾空。

终年积雪，冰斗、角峰、刃脊、槽谷、冰碛地貌景观发育。呈南北向的十九雪峰腾跃的玉龙。

□ **玉龙雪山周边旅游景观结构极佳**

玉龙雪山位于丽江白沙盆地与金沙江之间，丽江古城之北约20km向北成南北向延伸。雪山于丽江盆地北缘拔地而起，高于平坝3000m，南北43km，由13峰峦叠相连，间有19条冰川，山麓陡峻雄伟。

玉龙雪山北邻虎跳峡，与江北哈巴雪山连为一体，南邻世界文化遗产丽江古城，构成景观结构极佳、景观品级皆优的知名旅游地。

1988年，玉龙雪山列入国家级风景名胜区；2007年5月8日，列入国家5A级旅游景区。

□ **玉龙雪山景观域为自然保护区**

1981年建立玉龙雪山自然保护区，总面积2600km^2，主要保护我国纬度最低的现代海洋性冰川，完整的高山垂直带状自然景观，丰富多样的植被类型及珍稀濒危动植物资源。

玉龙雪山扇子陡是至今仍未攀登过的处女峰，国外曾组织6次攀登，均未成功。

□ **《印象丽江》增添旅游地质文化**

玉龙雪山南东麓以雪山为实景，开创有气势恢宏的大型雪山实景演艺《印象丽江·雪山篇》，集中体现了丽江地域的特色民族文化。

□ **云南丽江玉龙雪山冰川国家地质公园**

玉龙雪山冰川地质公园以玉龙雪山和金沙江虎跳峡为主体，面积为340km^2。

园内具有冰川遗迹、构造山地、断陷山地、断陷盆地、深切峡谷、垂直生态地质景观等丰富的重要地质遗迹和显著的地质地貌多样性；园区显示了岩石圈-气候圈-生物圈耦合演化、陆内构造形变、第四纪冰川地质、新生代重大地质事件、垂直生态地质景观等极具地域特色且重要的多元复合地质遗迹模式；具有地质地貌、地质生态系统的自然性、典型性、稀有性、系统性、完整性和优美性；是陆内古金沙江地缝合线遗迹，新构造运动遗迹，典型完整的第四纪冰川遗迹区、欧亚大陆距赤道最近的现代冰川，是三叠系以来青藏高原南东地区生态地质系统演化机制和效应的完整记录；具有新生代特有属种的高山植物区系、众多种子植物模式、垂直植被、土壤带谱高山垂直自然分带模本，是生物多样性显著的区域；具有独特、浓郁的人文内涵，是纳西族等多民族文化与精神追求的物化形象，人地关系协调发展，社区和谐的现实模本。为当地产业结构优化、经济社会可持续发展提供了丰富的旅游资源支撑；园区内雪峰、峡谷、盆地、湖泊和垂直带森林植被，呈现出“雄、奇、险、秀、幽、旷、奥”的自然美，具有极高的科学、美学和旅游价值。

◆纪实 ◇ 6　玉龙雪山不同角度景观效果

20世纪30年代末至40年代初，著名学者李霖灿和他的“玉龙雪山知音”金岳霖、李晨岚徒步考察玉龙雪山，从不同角度观赏玉龙雪山。在他的《阳春白雪玉龙山》《金沙玉龙巡礼》《锦绣谷——雪山最胜处》等散文游记佳作中，详细地描述了玉龙雪山不同方向不同部位的景色（李霖灿，《神游玉龙山》）。

玉龙雪山13峰峦叠绵连，19条冰川排列，南北延伸近20km，加之垂向两三千米的变化，真是景色万千（图3-22）。

释 义

◆释义 ◇ 雪山冰川地质景观

□ 冰川

冰川，也称冰河，是由降落在雪线以上的大量积雪，在重力和巨大厚度堆积压力下，形成能运动的巨大冰体。一般可分为冰川源头的粒雪盆和流出的冰舌两部分。冰川的冰具有一定的可塑性，由于存在高度差，受重力和压力作用，会发生缓慢的流动。在山区，冰川顺山谷流下，其流速每年从几米至数百米不等。我国西部的低纬度山岳冰川活动性强，梅里雪山卡瓦格博峰下的明永冰川，年平均运动速度达500m以上。

□ 雪山-冰川旅游地质景观

由于雪山和冰川的作用形成雪山冰川地貌，组成冰川景观展布于现今高纬地带或高山地区，是现代冰川旅游景观，是我国西部重要的旅游景观。

雪山冰川是一完整的复合型旅游景观。雪山为白雪皑皑终年积雪的极高山景观，雪山山谷间流动着冰川景观，雪山冰川中十分醒目的雪山冰川景观要素有角峰、冰斗、刃脊、U形谷、粒雪盆、冰瀑、冰塔林、冰洞、冰舌等（图3-23）。冰川前缘冰舌常形成冰洞；谷底冰川含的岩石碎块在滑移中磨蚀冰床（刨蚀作用），形成冰川槽谷——U形谷、谷坡冰斗；不断扩展的冰川槽谷使相邻山岭变成刀刃状的刃脊，冰斗交汇的山峰形成尖锐的角峰；冰川流动过程中所携带的碎屑物质石块相互擦磨刨蚀，形成带冰川擦痕沟槽的冰碛石和砾块、泥沙，在冰川消融后堆积成冰碛物。

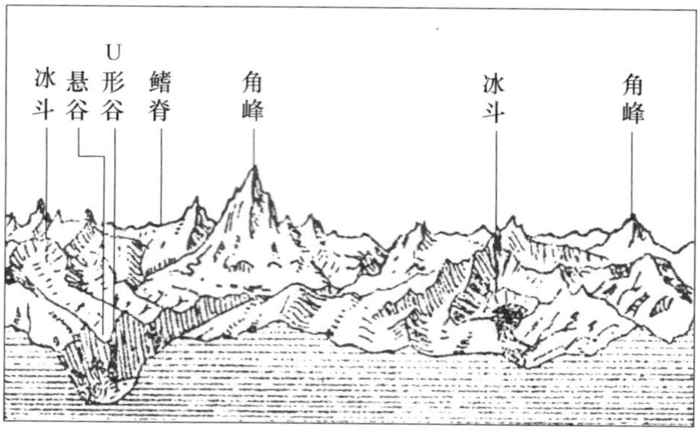

图3-23 雪山冰川景观要素

○ 现代雪山冰川景观

雪山冰川景观因皑皑白雪，在蓝天白云下格外耀眼，因冰川冰蚀作用、刨蚀作用、融冻作用形成特有的雪山冰川景观系列；因气候、季节、降雨量而呈现环境影响变化。雪山冰川景观呈现动态变化。

·雪山景观

雪线：现代雪山积雪最低雪线的界线。

石漠、流石滩景观：冬季最低雪线与夏季最高雪线之间的斜坡地带。

角峰景观：突起于雪原之上尖棱状的山峰，如白茫雪山、贡嘎山。

山峦雪原：起伏不大、相连成片终年积雪覆盖的山峦，茫茫雪原。

·冰川景观

现代冰川中的微景观有粒雪盆、冰瀑、冰阶、冰塔林、冰舌、冰蘑菇以及冰碛砾石和冰水沉积物。

·冰碛物景观

冰碛物是由冰川搬运、堆积的物质。冰川堆积物有侧碛、终碛、中碛，有冰川砾石及冰川条痕石，冰川漂砾。

○ 消亡冰川景观

雪山冰川消融后，遗留的冰川地质作用的冰蚀地貌，又称古冰川景观。主要包括冰斗、冰窖、冰川槽谷、悬谷、角峰、刃脊以及羊背石、冰坎和高山荒漠微古冰川景观。

○ 雪山冰川旅游地质景观系列

雪山冰川是一完整的复合型旅游景观。雪山为白雪皑皑终年积雪的极高山景观，雪山山谷间流动着冰川景观，雪山冰川中十分醒目的雪山冰川景观要素有角峰、冰斗、刃脊、U 形谷、粒雪盆、冰瀑、冰塔林、冰洞、冰舌等。

雪山冰川从积雪成冰到冰川发展消亡的完整过程，形成的冰川旅游景观、古冰川遗迹景观，可组合成冰川旅游景观系列。在一个雪山冰川发育地区，常常由上述冰川景观构成复合冰川旅游景观。

·现代冰川景观。具有高耸性：雪山和冰川配套、共生，分布在海拔 5000m 以上的崇山峻岭，可望而不可即，常给人以崇拜之感。神秘性：浓郁的地方特色神话传说给人以神秘之感。稀有性：大部分游客的生活环境与雪山冰川环境存在较大差异。惊险性：冰瀑布、雪崩壮观而惊险。

·消亡中的冰川景观。冰川遗迹的观赏：消亡中的冰川处在现代冰川和古冰川交替部位，垂直分异分带明显，有完整的冰川景观要素。复合景观多样，与现代冰川相比，适宜生物和人类活动，一般有着多姿多彩的自然和人文景观。

·古冰川遗迹景观。历经千百万年大自然的雕蚀，冰川湖冰蚀湖等高山湖泊与湖滨草地、高山花卉自然生态相映成趣。分布冰蚀堆积物。

·复合冰川旅游景观。具有上述两种或两种以上冰川的特征，往往具有丰富的观赏性和较高的旅游价值。

□ 雪山冰川形成及影响因素

积雪终年不化的严寒高山，不断增厚的积雪压实下层积雪，结晶成冰粒，融合成坚冰，密度达 $0.5\sim0.96g/cm^3$。深部承受重压的雪冰呈可塑状态，易发生流变，高山斜坡及谷地的雪冰在自重负荷和后缘压力下向下蠕性滑移，形成冰河——冰川。

从水珠雪花到积雪、到坚冰，从晶冰压实到冰河流动，从严寒高山雪山冰川到雪线上升，冰川消融，从皑皑白雪到刃脊角峰显现的雪山基座，以水的物理机械作用致使积雪下的岩石破碎崩裂，以冰川刨蚀形成角峰刃脊、U 形谷、冰碛物、冰川湖盆等冰川地质地貌景观系列。

冰川的形成是长期的地质及气候条件作用的结果，而气候则是现代冰川发育最主要的条件之一。气温降低，将引起雪线下降，雪线以上山体面积增加，从而增加了冰雪的积累量，促使了冰川的发育。相反，气温升高，将引起雪线上升，雪线以上的山体面积减少，从而减少了冰雪积累量，造成了冰川的衰退。同样，降水增加，将引起冰雪积累增 加，有利于冰川发育。相反，降水减少，将减少冰雪积累量，从而引起冰川的退缩。

□　雪山冰川发展周期

积雪终年与冰川作用地质时期，致使高山植被消失；冰雪消融显现峥嵘的角峰、刃脊、流石滩；雪山冰川消亡后的古雪原，随着气温增高，风化作用的持续，以水而又获得苏醒，又重现生命绿洲。

水的液态、固态、流态变异过程，造就了显现和记载雪山冰川形成-发展-消亡过程的雪山冰川旅游地质景观。

雪山冰川从积雪成冰到冰川发展消亡的完整过程，形成的冰川旅游景观、古冰川遗迹景观，可组合成冰川旅游景观系列。在一个雪山冰川发育地区，常常由上述冰川景观构成复合冰川旅游景观。例如云南迪庆梅里雪山、白茫雪山、甲里雪山、千湖山就是景观结构甚佳，观赏性极强，可达性较好的复合冰川旅游景观。

雪山冰川的发展周期，从一个侧面展现了地球生命的沧桑演变。

□　雪山冰川生态地质环境

雪山冰川是固体水塔，是其邻近地域的重要水源，冰川又是其邻近气候、生态环境的重要影响因素，特别是雪山冰川作为重要的旅游资源，在现代全球气候变暖雪线普遍上升的趋势下，人们越来越关注雪山冰川的变化。在冰川局部范围内人类活动骤增，如游客猛增，滞留期长、生活服务设施迅速倍增，局部性热异常体的形成，是否导致冰雪消融冰川萎缩也成为人们关注的问题。人与自然和谐发展，高质量的生态环境成为人类共同的目标。

扩展阅读

◆扩展阅读 ◇ 1　三江并流雪山冰川景观

大约 100 万年以来的第四纪时期出现过多次冰川活动，滇西北出现过金江冰期、大具间冰期、丽江冰期、木坚桥间冰期、大理冰期等几个活动时期。现今三江并流带既有现代雪山冰川，又有消亡中的冰川和古冰川遗迹；有百余座雪峰，海拔超过 6000m 的山峰 7 座，海拔 5000~6000m 的山峰 22 座；梅里雪山最高峰卡格博峰海拔 6740m，是三江并流带海拔最高最为壮观的雪山冰川。

三江并流带地形切割很深，垂直比差很大，因此在很小的范围内都能看到冰川发育全过程的冰川地质景观。位于现今雪线以上的雪山为现代雪山冰川，如德钦县梅里雪山；稍高于雪线，接近于季节性雪线附近的雪山为正消亡中的雪山冰川，如德钦县白茫雪山；低于季节性雪线以下的多为古冰川遗迹，如丽江老君山、香格里拉县的千湖山。有的雪山则为复合型冰川，如丽江玉龙雪山既有现代雪山冰川，又有消亡中的冰川和古冰川遗迹。可以说，三江并流带是雪山冰川发育演化地质景观的博物馆，是观察研究古冰川演化史和现代冰川的理想场所。

□ **梅里雪山 明永冰川**

· 现代雪山冰川。

梅里雪山最高峰卡格博峰海拔 6740m，是三江并流带海拔最高、最为壮观的雪山冰川。

· 卡瓦格博峰下的明永冰川，是北半球低纬度最南端现代冰川：冰雪盆、冰斗、冰瀑、冰塔林、冰裂缝、冰洞、角峰、刃脊、槽谷广布（图 3-24）；

其最前端的冰舌到达海拔 2660m 的森林地带，冰川夏季退缩，冬季下延，消长速度快；

冰川年平均运动速度达 500m 以上，是运动速度最快的冰川之一。

· 梅里雪山是藏传佛教圣地，是藏区八大神山之首。

□ **白茫雪山**

· 现代雪线附近趋于消亡的雪山冰川。

· 白茫雪山主峰海拔 5429m，略高于现代雪线。

· 现代雪线附近完整而清晰的雪山冰川消融过程的景观结构。

开阔圆滑的 U 形、双 U 形谷地披上绿色植被，显得十分幽雅恬静（图 3-25）。

□ **甲午雪山**

· 消亡的雪山冰川遗迹景观。

· 冰雪消融后的雪山基座呈现由角峰、刃脊、流石滩、冻土/湿地/草地组成的古雪山冰川垂直分带遗迹景观。

· 冰雪消融遗留下来的雪山基座，冰川地貌、冻土。

甲午雪山顶部的刃脊、角峰连绵林立。冰雪消融后的雪山基座角峰峥嵘（图 3-26）。

◆扩展阅读 ◇ 2 中国典型雪山冰川景观

我国是世界上中、低纬度山岳冰川最发育的国家，主要分布在西部。其中，云南德钦梅里雪山明永冰川是北半球纬度最低的现代季风海洋性冰川。中国贡嘎山海螺沟冰川最大流速为 188.8m/a，云南德钦梅里雪山的明永冰川最大流速大于 500m/a。

由于雪山和冰川的作用形成雪山冰川地貌，组成冰川景观展布于现今高纬地带或高山地区，是现代冰川旅游景观，是我国西部重要的旅游景观。如云南西北部三江并流带梅里雪山、玉龙雪山，新疆阿尔泰山的喀纳斯冰川湖，天山扎木尔峰等都是著名的冰川旅游景观。

○ 中国雪山冰川景观

· 喜马拉雅山脉：南迦巴瓦、珠穆朗玛峰。

· 横断山脉：贡嘎山、梅里雪山、海螺沟、稻城三神山。

· 喀喇昆仑山脉：特拉木坎力冰川、乔戈里。

· 冈底斯山山脉：冈仁波齐。

· 念青唐古拉山山脉。

晨曦中的梅里雪山瓦卡格博峰

a

延伸到森林地带的冰塔林

冰川运动中的冰裂

b

主冰川中的网格状冰裂缝

邻近冰舌部位融的冰洞

c

图 3-24　梅里雪山冰川景观

· 天山山脉。

· 长白山山脉。

◇ 新疆托木尔峰冰川：大陆性冰川，有大小冰川数百条，最长的冰川为汗腾格里冰川，长达 60.8km，是世界上八大山谷冰川之一。

图 3-25 完美的冰川角峰刃脊与双 U 形谷景观结构

图 3-26 甲午雪山古雪山冰川景观遗迹

◆扩展阅读 ◇ 3 世界典型雪山冰川景观

○ 世界雪山冰川景观

· 美洲：麦金莱山、落基山脉、阿巴垃契亚山脉。

· 欧洲：阿尔卑斯山、奥林匹斯山、比利牛斯山。

· 非洲：乞力马扎罗山。

○ 美国大提顿雪山冰川

美国的怀俄明州西北部大提顿山脉有 8 座超过 3658m 的山峰，大提顿峰高 4198m，山顶终年积雪。大屯山脉西坡横切山脊的巨大“U”形谷，悬崖上的层状岩石呈巨大“岩墙”。深切峡谷和冰川作用叠加形成 U 形谷和冰川槽，冰川类型与形态多样而完美，大提顿峰顶角峰尤为典型。

○ 美国蒙大拿冰川

美国蒙大拿州北部与加拿大相毗连落基山脉地带，有 50 余条冰川。北部 3000m 高的克利夫兰山为最高峰，海拔 2440m 的杰克逊山和布莱福特山北坡的莱福特冰川最大，占地约 4.8km^2；覆盖在南坡布哈里森冰川和庞普里冰川，美如画卷。

峡 谷
·冰河江水叠切虎跳峡

纪 实

◆纪实 ◇ 1 金沙江峡谷景观

金沙江丽江段的江河，可分为金沙江石鼓弯的宽谷景观江段、虎跳峡 U-V 套谷景观江段、玉龙弯峡谷景观江段（图 3-27）。

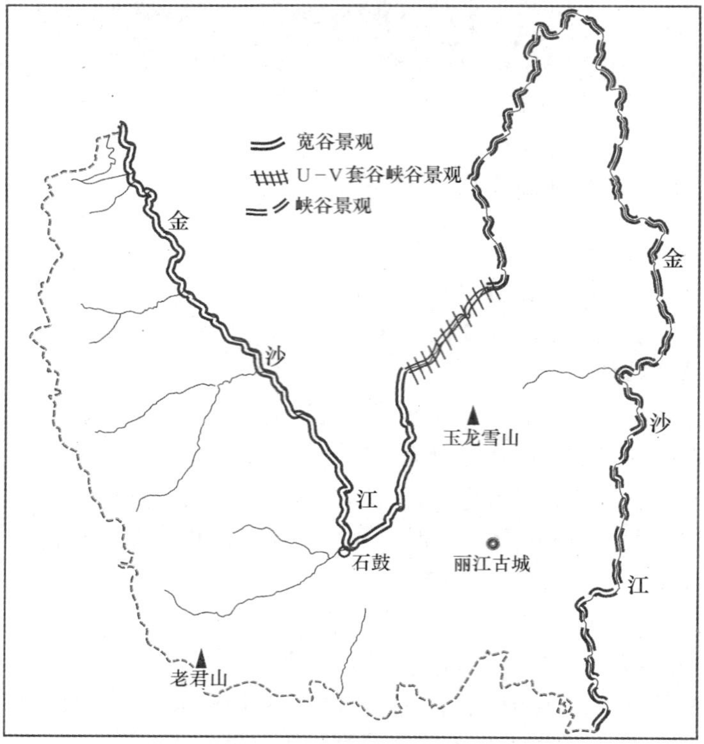

图 3-27 金沙江丽江段河谷类型

◆纪实 ◇ 2 虎跳峡峡谷·冰河江水叠加深切 U–V 套谷虎跳峡

□ 金沙江虎跳峡景观特色/品牌性

虎跳峡具有峡谷、冰川、崩塌滑坡、奇石精品的复合性（图 3–28）。

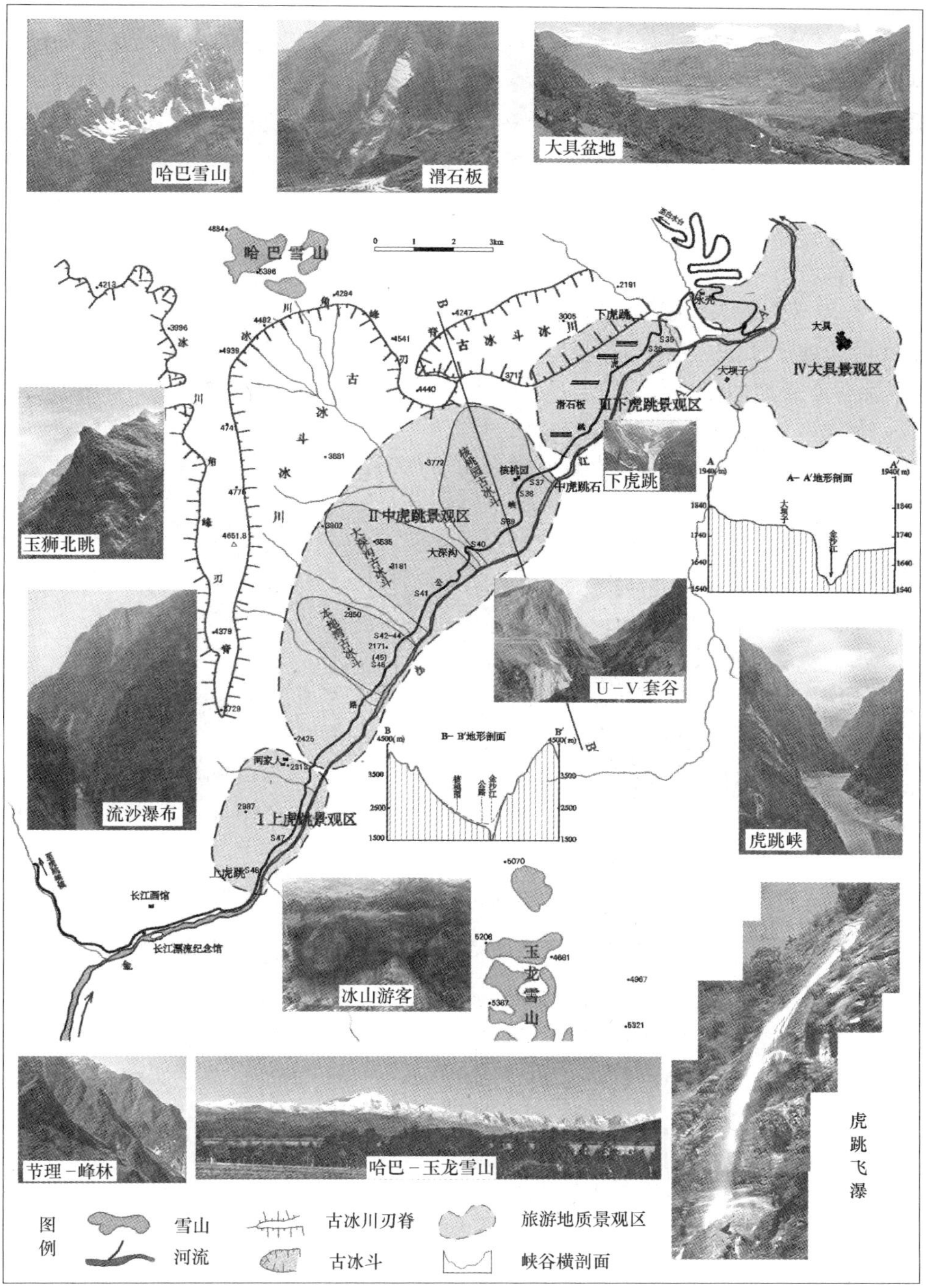

图 3–28 虎跳峡景观区旅游地质景观图

○ 金沙江虎跳峡的雄伟性

峡谷深壑江水将南北延伸的玉龙雪山与哈巴雪山切开。

峡谷全长约20km，峡谷江面一般宽30~60m，最窄处仅20m，共18处险滩，峡谷江面总落差213m，平均千米落差达10.65m。从谷底到雪山之巅，岭谷相对高差达3000m。

○ 峡谷景观与冰川景观并存性

虎跳峡峡谷江岸悬崖峭壁、角峰、刃脊、冰斗、U形谷、侧碛等冰川地貌发育；峡谷南岸陡峭，相对较平直单一；北岸坡为一复式古冰川，从西到东本地湾、大深沟、核桃园三个低级冰斗，中为刃脊相隔，组成古冰川群。

○ 冰川作用与河流深蚀作用叠合的U-V套谷完美性

峡谷在古U形谷地之上，叠加V形谷地的U-V套谷形态，形成机制为在冰川作用基础上，叠加侵蚀作用而发展起来的冰川-新构造运动U-V套谷地质景观。

虎跳峡具有U-V套谷特异性、峡谷的宏伟性以及完整保存，皆可称稀罕的地质奇观。

○ 崩塌体与奇石构成奇石滩唯一性、独特性

上虎跳峡由于北岸岸坡的构造岩块、冰碛岩块的崩塌堆积，崩塌体造就了现今峡谷狭窄、“虎跳石”等崩塌岩块盘踞江谷的上虎跳峡地质奇观和奇石滩。

□ **金沙江虎跳峡U-V套谷复合性**

历经第四纪冰川覆盖，新构造运动强烈发育的三江并流带，普遍都有冰川和新构造运动的踪迹，只是强弱不同、表现程度差异。

金沙江虎跳峡是在冰川作用基础上，新构造运动侵蚀作用叠加而发展起来的U-V套谷冰川-新构造运动地质景观。形成机制上的特异性、峡谷的宏伟性以及U-V套谷的保存完美性，皆可称稀罕的地质奇观（图3-29）。

□ **虎跳峡展布的特殊性**

虎跳峡位于长江第一湾由北向南流而又急转向北的北流河段；是石鼓附近金沙江江宽水缓变为江面狭窄、谷岸陡峻、水流湍急的陡峻峡谷的特殊河段。

虎跳峡的南北两江岸是近南北向的地质构造单元。西侧为区域性南北向楚波-白汉场断裂带的哈巴雪山西断裂，东侧为南北向玉龙雪山东断裂；二南北向断裂导致其间哈巴-玉龙雪山断块的抬升，为玉龙-哈巴雪山复背斜。峡谷无明显的断裂谷断裂构造形迹。

总体上看，玉龙雪山和哈巴雪山为与区域山系平行协调的南北向的复合型雪山冰川地质景观。其拦腰被虎跳峡切为深谷，使玉龙雪山哈巴雪山遥遥相望，特殊的地质环境条件、特殊的地质作用使其成为峡谷深川。

□ **虎跳峡古冰川遗迹两岸差异性**

从上虎跳至下虎跳18km长的河岸，近河谷的江岸南陡北缓，南岸（玉龙雪山一侧）几乎为裸露的基岩；北岸哈巴雪山基岩与崩塌体、冰碛物相间展布。在江面与玉龙雪山、哈巴雪山雪峰高差愈3000m的深谷，南岸基岩裸露且陡峻峭直；北岸总体呈相对较缓的斜坡，在南北向岭脊间为向峡谷倾斜的凹谷。

虎跳峡峡谷总体为南岸稍陡、北岸稍缓的U形谷。峡谷南岸虽为陡峭基岩，但仍保存悬冰川遗迹。峡谷北岸哈巴雪山南坡由西侧南北向刃脊转哈巴雪山近主峰，再转东南侧，刃脊环绕哈巴雪山南坡。

中虎跳峡北岸坡为一高级次的复式古冰川冰斗——中虎跳复式古冰斗。其中次一级的

图 3-29 虎跳峡 V 形谷和 U-V 套谷

刃脊相隔，由西到东分为本地湾、大深沟、核桃园三个次级古冰斗；冰斗口有向中虎跳峡中段大深沟附近集中趋势。核桃园古冰斗发育较好，在东侧向保留有似羊背岭的侧碛，古冰斗下部低凹部位有冰水沉积物；侧碛部位可见到冰川不断将深部冰川所携带的岩块侧向翻卷的侧碛堆积物。北岸的岸坡上还可经常看到基岩上堆积的冰川漂砾，长条状的冰碛石间有块度不等的漂砾。

□ 虎跳峡侵蚀作用形迹鲜明性

虎跳峡现今地貌形态显示河流底蚀作用远远大于侧蚀作用。许多河段都能观察到尖而窄的V形河谷特点。在江岸保存南北向刃脊部位、现今高于江面约数十米相当于原U形谷底的深谷部位，V形河谷特点尤为明显。整个虎跳峡峡谷有18处险滩，表明峡谷的坡降并非均同，谷底有相对平缓的地段，也有陡坎状的谷底。峡谷总体呈NE30°较直的延伸，但狭谷细部却呈现“之”拐状，尽管拐点部位已被侵蚀去棱角，但仍保留有呈近南北向和北东东向为主体组成的河谷转弯特点，且多数近南北向河段要比北东东向河段狭窄，这一特征在下虎跳河段、近河床V形河谷发育部位尤为明显。

虎跳峡南岸总体岸壁陡立、悬崖广布。但细部则形态多变，可见岸壁呈台阶状后退，而且台阶排列有序，形态规模组合相似，还保留有较直的阶面，下虎跳一段尤为典型。河谷江面狭窄，“之”拐状，岸壁台阶状，谷呈V字形，岸壁陡峭，比高大，谷降比大，在谷岸还多见滑坡体，崩塌体、碎屑锥，这些特征显示了新构造运动河流侵蚀作用强烈快速的特点。

侵蚀作用还形成了许多侵蚀地貌。如江北岸在冰川刃脊基础上进一步溶蚀而成的似峰林状孤峰；沿构造面崩塌滑坡保留的悬崖。顺陡壁下泻的瀑布；钟乳石发育的溶洞。江南岸玉狮北眺景象。

□ U-V套谷的演化持续性

虎跳峡古冰川遗迹和新构造运动的侵蚀作用形迹综合展示了虎跳峡的U-V套谷的发展演化：

· 虎跳峡古U形谷：哈巴雪山南坡的古冰川向南汇聚，与玉龙雪山北坡间形成古冰川U谷，大体上在中虎跳冰川谷地西段冰川向西移动，而东段向东流动。冰川作用不断刨蚀而使虎跳峡不断下切，冰川主要向西推移。因此，中上虎跳一段谷地相对开阔，且谷岸弯曲弧度相对较大。这时期相当于长江第一湾未形成之前。

· 虎跳峡V形谷：伴随冰川消退，在谷底冰川刨蚀的基础上，流水的侵蚀作用加剧，虽然虎跳峡没有沿峡谷的明显的断裂带、破碎带，但虎跳峡有多组北北东向、北东向、北东东向的大型节理带。在遥感图像上有与区域性北东向小金河断裂带平行的线性形迹，综合地学资料分析，存在有北东向隐构造特征。V形谷在谷底下段特别明显；中下虎跳峡一段河谷有明显的沿近南北、北东、北东东向追踪发育；南岸岸坡台阶状岸壁的变化亦与其一致；该段滑坡、崩塌特别发育，显示了中下虎跳V形谷发育借助于大型节理带（群）的机理，峡谷V形谷的发育时期正是长江第一湾形成时期。中下虎跳一段U-V套谷的特色特别醒目。下虎跳大具、永壳盆地一段，峡谷呈嶂谷状下切盆地，而且显多阶地特点，显示V形谷发育于有冰川沉积物的大具盆地形成之后，且峡谷下切具有间歇式、脉动式特点。

U-V套谷形成的主过程是先形成冰川U形谷，再叠加新构造运动侵蚀作用V形谷，形成现今峡谷面貌。

□ 虎跳峡的现今活动性

U-V套谷的形成并不意味峡谷停止了活动，峡谷仍在活动中。下虎跳至大具永壳盆地中嶂谷还在不断扩张中；谷岸陡壁还在不断崩塌滑坡，流沙瀑布仍在继续发育着。上虎跳奇石滩崩塌体中包括虎跳峡的各类岩石，特别是强烈形变破碎的构造岩和冰碛砾石混堆在一起，崩塌砾块在江面棱角犹存，显示其为较新的崩塌体。

下虎跳江面南岸耸立陡壁上，经变质作用形成的大理岩、结晶灰岩，由于构造挤压破碎，加之冰川刨蚀压裂破碎，物理风化强于化学风化，在雪线不断上升的古冰川剥蚀部位、构造不断抬升部位，大理岩、结晶灰岩形成碎屑、碎粒、碎砂沿陡壁撒落而呈沙流，沿陡坎平台或底凹溶蚀冲刷沟堆积成大小不等的锥体或呈带状“薄纱状”、“晨雾状”，远眺犹如陡壁倾泻而下、缥缥缈缈的瀑布，但瀑布非水而沙，故称为流沙瀑布。显示风化剥蚀作用仍在继续发展。

虎跳峡是1996年2月3日丽江七级地震的高烈度区。大震后，10月28日，下虎跳北东侧的滑石板，沿裂面厚约30m、近30万立方米的山体下滑300m落入金沙江，滑坡崩塌时形成巨大气浪夹带着尘埃，灰尘长时不断。滑坡体堵塞峡谷使金沙江断流约40min，并在峡谷中出现了深达数十米的峡谷平湖。近几年来，沿新修的峡区公路崩塌、落石、碎屑坡仍不断发生。

上述情况说明，虎跳峡山体仍在不断上升中，河谷仍在下切中，虎跳峡仍处在活动中。

释 义

◆释义 ◇ 峡谷景观

○ 峡谷

峡谷是由于新构造运动抬升过程中，河流不断底蚀下切或冰川不断向下刨蚀，形成两岸山势陡峭、狭窄且深的谷地——峡谷景观。峡谷两岸山势陡峻，中间狭窄且深的线状沟谷或河道，可呈狭谷、宽谷交替出现。在线性断裂构造发育的山地河段，峡谷发育多见，按其横断面形态，呈现V形谷、U-V套谷、嶂谷、“一线天”多种形式。

· V形谷：谷坡陡峻，山谷断面呈V字形的河谷。

· U形谷：峡谷的呈U字形，壁陡而谷底较宽。

· U-V套谷：峡谷的上部呈U字形，下部呈V字形的U-V复合套谷。

· 嶂谷：谷坡陡直，深度远大于宽深而窄的峡谷。

· “一线天”/地缝：峡谷两侧山体悬崖峭壁如刀削陡峭、幽深而窄长，谷底抬头，只见天空如狭缝一线。

○ 峡谷分段性

沿构造线/脆弱带较稳定、较快速的溯源侵蚀及下切是大峡谷形成的重要因素。然而，延伸很长的构造线，因其岩性变化、断裂交切叠加、地质地理环境的差异，其各段侵蚀速率及切深、侧蚀效应差异极大，显现出大峡谷特征的分段差异性。

识别鉴赏峡谷景观的分段差异性，将深层次领略地质环境条件差异性导致的景观多样性，将增强地质景观观赏的地质素养和情趣。

扩展阅读

◆扩展阅读 ◇ 1　三江并流峡谷

□　三江并流峡谷带

横断山脉从东到西平行的沙鲁里山、云岭、碧罗雪山-高黎贡山间金沙江、澜沧江、怒江呈现山夹江、江隔山的山水并列的三江峡谷带，延伸数百千米，紧邻部位宽仅 64km。

金沙江虎跳峡峡谷深逾 3600m，峡谷长 20km，落差 213m，平均每千米落差达 12.65m，江面一般宽 30~60m，最窄处仅 20m。呈 V 形河谷，U-V 套谷。怒江大峡谷长 600km 平均深逾 3000m。澜沧江大峡谷长逾 300km，平均每千米落差 21.6m。

□　怒江峡谷

峡谷南北向延长约 550km，平均深度大于 2500m，可达 3000m，峡谷宽 100~600m（江面平均宽 100~130m）（图 3-30）。

峡谷稳定宏伟，河面狭窄，岸壁多陡峭、多嶂谷河段，河谷纵深降比大，多激流险滩、汹涌澎湃。

图 3-30　怒江峡谷景观

□　碧壤峡谷

·宁静优雅的峡谷

碧壤峡谷幽谷宁静，古木参天，绿荫叠翠；谷底平坦狭窄，宽仅一二十米；谷岸陡立，高逾千米；峡谷呈一线天，长约 10km（图 3-31）。

图 3-31 碧壤峡谷景观

· 平缓地层制约稳定的陡立悬壁

峡谷陡直岸壁碳酸盐类岩石层理及层间平缓破裂面发育，地下水聚集，丛草、低矮灌木沿其生长，形成多层状、条带状绿色条带，犹如绿色长城。

□ 尼汝峡谷

金沙江支流洛吉河支流沟中，尼汝峡谷奇草异花繁茂，古树叠翠谷底宽而露边滩，峡谷陡壁群瀑倾泻于泉华瀑幔（图 3-32），苔藓地衣类附着其上。泉华幔瀑五彩缤纷、绚丽多彩、独领风骚，人迹罕至，为优美怡然的罕见彩瀑精品。

◆扩展阅读 ◇ 2 中国典型峡谷景观

□ 典型峡谷地质景观

· 峡谷：受构造带制约的三江并流带怒江峡谷、澜沧江峡谷、金沙江峡谷；雅鲁藏布江大峡谷；长江三峡；黄河峡谷；太鲁阁峡谷；四川大渡河金口大峡谷。

图 3-32　尼汝峡谷·泉华彩瀑

·一线天：桂北-湘南地区资江-八角寨丹霞一线天群；河北野三坡百里峡谷；福建永安桃花洞、天姥山；安徽九华山、黄山；北京云蒙山；广东西樵山。

·地缝：湖北恩施地缝；重庆奉节天井峡地缝。

◆扩展阅读 ◇ 3　世界著名峡谷景观

□　世界著名大峡谷及其谷深

中国雅鲁藏布大峡谷 5138m、怒江峡谷 3063m、虎跳峡峡谷 3660m、澜沧江峡谷 2513m；

秘鲁科尔卡峡谷 3205m；

尼泊尔卡利甘代克峡谷 4403m；

玻利维亚皮拉亚峡谷 3048m；

墨西哥尤里克峡谷 1870m、新佛罗莎峡谷 1829m、罗拉皮拉斯峡谷 1799m、科坡尔峡谷 1758m；

美国科罗拉多峡谷 1424m。

丹　霞

·丹霞凝聚老君山

纪　实

新构造运动把丽江古近系内陆湖盆的红色岩系抬升到老君山高原面，经侵蚀作用形成了丹霞景观。同时有冰川作用的耦合，形成了地域特有的高原丹霞景观。

◆纪实 ◇ 1　黎明丹霞地质

三江并流带于始新世至渐新世，在内陆湖盆中沉积了一套磨拉石建造砾岩、砂岩、粉砂岩、泥岩组成的红色岩系。其后，更新世地壳迅速上升，红色砂岩遭受剥蚀。第四系冰川发育时期，该区又受冰川侵蚀作用。

红色砂岩的特点是相变大、交错层理发育，为含铁、钙高的含膏盐岩系。丹霞地质景观主要发育于厚大的始新统美乐组、宝相寺组和渐新世金丝厂组地层，岩性以紫红色、灰紫色夹浅灰色、黄褐色砂岩为主，夹粉砂岩、泥岩、砾岩。角度不整合覆盖于元古代、古生代、中生代地层上。

黎明丹霞景观发育于下伏的石鼓群强烈褶皱变质岩系之上，红色砂岩组成的丹霞景观与石鼓群两者构成典型的地貌差异，而且从底部的底砾岩向上演变为砂岩、粉砂岩的地层岩性在地貌上也截然不同。老变质岩系呈斜坡地形，红色岩系底部砂砾岩呈台阶状，而其上砂岩粉砂岩则构成陡峭的陡崖方山丹霞景观。红色岩系由下向上砾石直径渐小，渐变为颗粒相对均匀、成分相对较纯的红砂岩。红砂岩可分为含砾砂岩、厚层块状砂岩，细粉砂岩；部分砂岩韵律结构清楚，多发育交错层理。

◆纪实 ◇ 2　黎明丹霞旅游地质景观

□　老君山高原丹霞景观

云南丽江老君山群山层叠，起伏连绵，老君山丹霞以有冰川地质遗迹的新生代陆相红色岩系侵蚀的高山高原丹霞景观为特色。方山赤壁、丹霞峰丛、谷、柱、悬壁、龟纹状丹霞景观，与高原面、溪流、江河、秀丽冰川湖群等地质景观布局精美浓集，相互辉映。

□ **方山赤壁**

方山赤壁是黎明丹霞景观的主要特色之一，是构成各种造型景观的基础，方山赤壁几乎随处可见（图3-33、图3-34）。

图3-33 覆盖于石鼓群变质岩系之上的古近系丹霞景观

图 3-34　方山赤壁丹霞 · 变色瀑布 · 崩滑 · 溶洞

·方山赤壁连座峰丛：方山赤壁常成群成片，呈两层结构，上层为山体相隔、形似桌状的方山赤壁，下层则为石鼓群变质岩系或第三系砂岩岩系底部的砾岩砂岩组成的相对连续的山体。下层多绿树丛草柔和雅致，而上层则一片赤峰赤壁刚强端庄，二者相互映衬，更显丹霞景观刚柔多态。

·三日峰：黎明狭长河谷南侧，高耸挺拔的方山赤壁连座峰丛。到冬季，斜阳南悬，方山峰丛遮挡了黎明谷地的阳光，谷地只能从峰丛间隙透射到阳光，农历冬至节令前后，从清晨到日暮，随着阳光的移动，透过峰丛，红日时隐时现，在潺潺溪流，郁郁绿荫的黎明谷地可观看到“一天三次日出日落”的自然奇观。

·赤壁洞穴：赤壁拔地而起，直落谷地，犹似红色石墙，赤壁或呈紫色，或呈棕褐、黄褐色。间或赤壁有深度不大、多显椭圆状的洞穴点缀，别具洞天。

·变色幔瀑：赤壁多有明晰的近直立的沟纹，亦有隐现的近水平的条纹。赤壁陡峭、垂直节理常见，赤壁由不同色调的垂直条带构成垂帘状，犹如幔瀑。

□ **龟裂状石丛**

丹霞景观中有一类石体表面呈紫红色龟裂状、龟板状的景观。石体表面龟裂状深浅不一，浅者仅几厘米，呈龟裂状；深者可达二三十厘米，呈一个个乌龟状。

黎明千龟山为一长宽各数十米、东高西低的龟裂纹状红砂岩斜坡，东端为峰顶向西散开，犹如排列有序的千万只龟灵；大的龟板上又裂陷为小的龟体，层次分明，栩栩如生地在缓坡上接踵而行，活灵活现地从下向东方山顶聚集，神奇之至（图 3-35）。

图 3-35　千龟山·龟裂纹丹霞景观

□ **石峰石柱**

部分方山赤壁随着侵蚀失去棱角，山峰瘦缩，却高度依然，形成石峰石柱，展现独立于群山中的挺拔雄姿。最具情意的为黎明的佛陀峰和擎天柱。佛陀峰高达 80m，直径 20~30m，下部相对平滑，而峰顶纵横龟板纹路组合有序，峰面凸凹有致，似如佛陀。擎天柱石峰仅粗数米，在浓密的绿荫丛中昂首挺立，柱顶似翘首观望、高昂的头颅（图 3-36）。

图 3-36　石峰石柱 · 佛陀峰与擎天柱

□　丹霞峰丛

红色砂岩除陡崖断壁外，还呈现孤峰或多峰状丹霞峰丛展布于古剥蚀面上。

◆纪实 ◇ 3　黎明丹霞旅游地景观结构

黎明丹霞高原丹霞景观特点典型，景色绚丽。

黎明丹霞龟裂纹状千龟山、佛陀峰景观集中，独特、罕见、精美，观赏性科考性强。

黎明丹霞以方山峰丛连座，而又与主沟谷排布方位配置错落有致，冬日太阳角的移动，构成“一天三次日出日落”的自然奇观。

◆纪实 ◇ 4　黎明风物/民族风情

黎明有傈僳族的芦笙恋歌、民族打跳，情人节——刀杆节、阔时节等丰富多彩的民族文化风情。

◆纪实 ◇ 5　旅游地特色/品牌

□　丹霞成景特色

○　红色砂岩岩系为主导成景因素

缓倾斜至水平的红色砂岩岩系，发育垂直节理网络，共同制约丹霞景观发育。

海拔 2600~3700m 的剥夷面上，红色砂岩高原面上，由剥蚀作用兼冰川作用构成的赤壁方山、峰林丹霞景观。

○　方山赤壁连座峰丛，呈现双层结构

石鼓群变质岩系与其上古近系红色岩系呈两层结构。上层为山体相隔、形似桌状的方山赤壁丹霞景观；下层为石鼓群变质岩系或古近系砂岩岩系底部的砾岩砂岩组成的多相对连续的山体。上层赤峰赤壁刚强端庄，下层多绿树丛草柔和雅致，而二者相互映衬，更显丹霞景观刚柔多态。

○　方山赤壁峰林丹霞地域特色凸显

赤壁拔地而起，直落谷地，犹似红色石墙，赤壁或呈紫色，或呈棕褐、黄褐色；

龟裂状千龟山；柱状佛陀峰，孤柱擎天柱屹立。

○　变色幔瀑显赤壁变异

赤壁多有明晰的近直立的沟纹，亦有隐现的近水平的条纹。赤壁陡峭、垂直节理常见，赤壁由不同色调的垂直条带构成垂帘状，犹如幔瀑。

赤壁间或有深度不大、多显椭圆状的洞穴点缀，别具洞天。

□　丹霞品牌

· 千龟山、佛陀峰；

· 一天三次日出日落；

· 方山赤壁，变色瀑布。

◆纪实 ◇ 6　旅游地人地关系耦合

云南玉龙黎明-老君山国家地质公园位于云南省丽江市玉龙纳西族自治县，公园面积 1110km^2，为地质地貌景观类。公园地貌类型丰富，主要地质遗迹有高山高原丹霞地貌，是中国迄今为止发现的面积最大、海拔最高的一片丹霞地貌区；冰川地貌，既有古冰川遗迹，又有现代冰川；金沙江河谷地质地貌景观，由长江第一湾、虎跳峡、多级阶地等组成。地质景观主要有侵蚀高山、侵蚀中山、夷平面 、峡谷、宽谷、山间盆地、边滩、心滩、阶地、断层崖、鱼峰、刃脊、冰斗、侧碛堤、石环、石河、冻土、滑坡、倒石锥、丹霞峰丛、丹霞谷、丹霞柱、丹霞赤壁、丹霞千龟象形石、岩浆岩节理等。

区内人文景观非常丰富，是纳西、汉、白、傈僳、彝、普米、苗、藏等少数民族的聚居区，有丰富多彩的民俗文化，是吐蕃、白、彝、纳西东巴和汉文化的交汇带。

释　义

◆释义 ◇ 1　丹霞地质景观

丹霞是红色砂砾岩侵蚀剥蚀形成，以方山、赤壁为典型特征，山地顶平、坡陡、麓缓、丹红色调（紫红、砖红、绛红、浅红）的柱状、塔状、方山峰丛峰林状景观。通常由岩石固结程度相对较低的厚层、产状较平缓的中生代白垩系、新生代古近系新近系红色岩系地层岩性形成。因其易于风化，沿垂直节理裂隙系统侵蚀溶蚀、剥离崩塌等综合地质作用形成。丹霞景观以广东省韶关仁华县丹霞的特殊地形而命名，其特色明显呈谷深峰奇造型和暖色调，又常有绿树曲溪相映衬，构成极具观赏价值的旅游景观。

红色碎屑岩因其质坚却脆，易发育垂直层理的节理。在地层近水平的情况下，在缓慢的抬升过程中，受地表水流的侵蚀，易发展为垂直溶沟、裂隙，并逐渐扩大，伴之崩塌溶蚀，常形成红色壁陡、顶平、挺拔直立的方山赤壁为特征的陡崖、峭壁、峰丛、石柱等景观造型，呈现一片鲜艳丹红的峰林，这就是丹霞地貌。以其特有的彤红色彩，明快刚健的线条轮廓，端庄浑重的造型，峰林间常有溪流环绕，呈雄俊秀美的景色。

我国丹霞地貌景观分布的点多，主要在秦岭-大别山以南，青藏高原以东的中生代-新生代红色沉积盆地，诸如：广东仁化-曲江丹霞山、大石山、韶石山、矮寨和粤北罗昌、坪石、南雄；福建崇安武夷山和永宁、泰安；江西弋阳县圭峰；浙江永康方山，江山市川字形山崖；四川灌县青城山和乐山大佛及重庆大足；广西资源县与湖南新宁县交界的资新盆地；甘肃景泰县老龙湾饮马峡和平凉崆峒山；青海祁连县卓尔山和尖扎县坎布拉；内蒙古阿拉善左族北寺（直立岩层）；河北承德棒槌山和云南滇西北三江并流带黎明、罗古箐、石宝山等地，很多都是著名风景名胜的主景区。

在众多的丹霞景观中，广东丹霞山，安徽齐云山，江西龙虎山，湖南莨山、湖南郴州飞天山，福建大金湖，广西资源县，云南玉龙黎明，青海坎布拉丹霞景观等都列入了中国国家地质公园。“中国丹霞”列入世界自然遗产。

◆释义 ◇ 2　三江丹霞成景作用

○　丹霞成景之一·岩性与丹霞峰林

古近系红色砂岩之下的老地层为丹霞峰丛的基座，黎明丹霞景观的基座为石鼓群变质岩系，构成丹霞陡崖方山之下相对圆滑的缓坡斜坡，且多覆盖植被。

红色岩系底部砾岩及砾岩为主的地层主要形成陡坡陡坎；层厚较大较纯的红砂岩则易于形成陡崖悬壁，并多有浅表洞穴。层厚较大、粒度较细的细一粉砂岩形成的峰林陡壁多光滑，而薄至中厚层状、交错层理发育的砂岩峰林的柱面陡壁多韵律状交错出现的凸凹纹理。岩性差异使陡壁呈现色调及表面结构的层状条带状差异，峰林峰丛的垂直分带性差异。

○　丹霞成景之二·岩层产状与丹霞峰林

红色岩系地层产状的差异导致峰林形态的差异。产状近于水平的红色岩系垂直节理易贯通，侵蚀作用易形成崩塌后缩，有利于形成顶面平稳的悬壁，形成典型的方山赤壁。悬壁随处可见，且悬面高大、延伸稳定。

红色岩系地层产状倾斜，特别是接近中等至高角度倾斜时，沿地层倾斜方向易形成斜坡，与倾斜相反方向虽可形成陡壁，但参差不齐、且不稳定。大多形成孤峰或多峰状丹霞峰丛。

○　丹霞成景之三·“变色瀑布”

红色岩系常含膏盐。膏盐易溶于水被迁移，又在水分散发部位淀积。

虽说丹霞峰林到处是赤壁屹立，但是“赤壁”并非为单一的红色色调，特别是那些高而宽大穿过多层组分变化的厚层块状砂岩的“墙壁”上常有多种颜色。不同颜色沿垂直方向呈条带状，类似帘幔，又似瀑布。

尤为神奇的是沿垂直裂面（节理之扩大）与平缓之层面交界处有岩层水渗出，沿壁下淌（有时可见微小的泉眼溶洞）。由于不同季节岩层水补给渗透的水量不一，不同节理或裂缝切穿的岩层不一，因此岩层水或裂隙水水质差异，含盐量、溶解量亦有差别。沿层或裂隙渗出的含盐水（含矿溶液）在赤壁上挥发蒸发，从而使盐类沉淀物淀积附着于陡壁表面。随着水分干燥、盐分固结及氧化作用，组分发生演化变异，陡壁上类似幔帘的“瀑布”形成不同色调的“变色瀑布”。这些变色的幔帘由新而老（旧）颜色变化趋势为：灰白色沉淀物→褐黑色沉淀物→粉红色沉淀物→橘黄色沉淀物。

这种“变色瀑布”的形成与红色砂岩含“硝”（膏盐）有关。在丹霞景观分布地段，有含硝水点出现即为同一现象。这种“变色瀑布”不仅随含矿溶液渗出时间而变化，它还随年代、季节、岩层含水量的变化而变化，因向阳或背阴不同而异。

○ 丹霞成景之四·岩性与龟裂纹·千龟山

龟裂状稀罕的景色具有特殊的地质环境条件（图 3-37）。

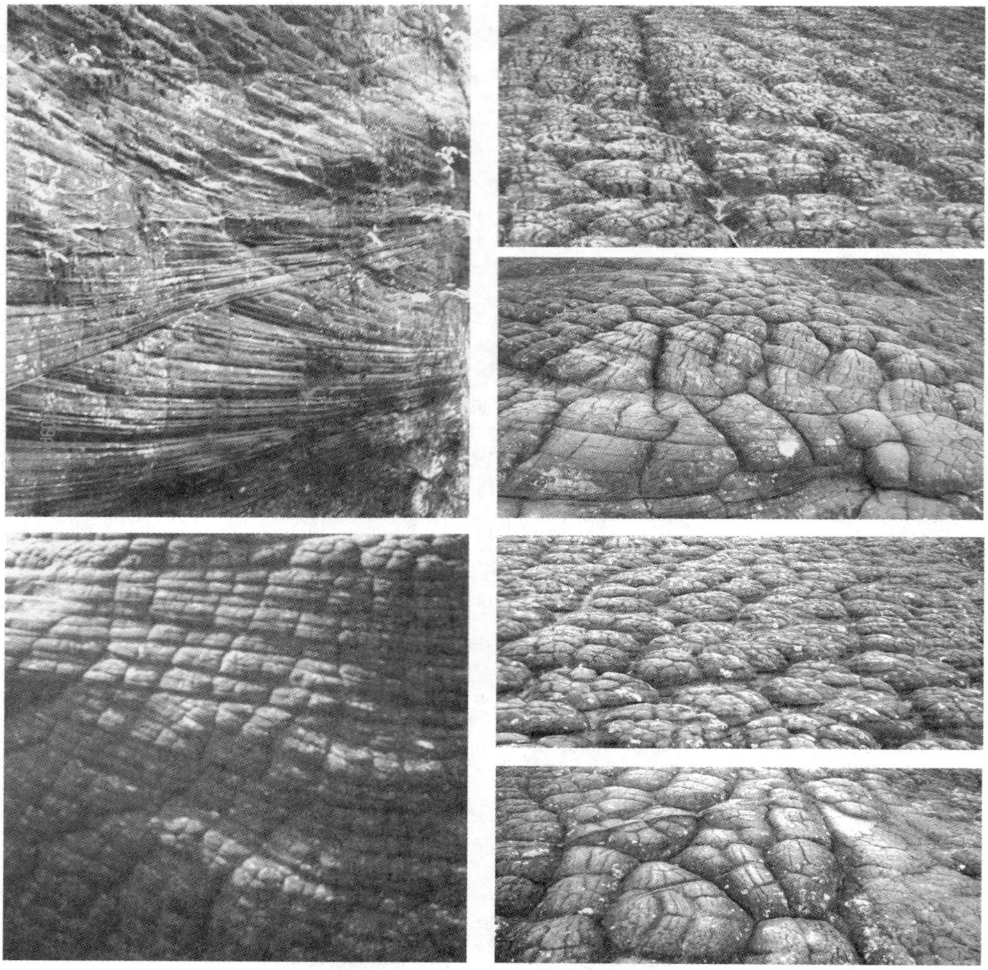

图 3-37 丹霞龟裂纹状剥蚀景观

·红色砂岩建造：砂岩具有细或微层状的类似复理石的韵律变化，相对均匀的粉砂岩能产生风化表面上韵律状的凸凹差异。红色砂岩形成了红色色调的丹霞龟裂状颜色。

·垂直节理：垂直于层面的垂直节理分布相对均匀，且发育程度相对均一，能使水流冲刷风化作用沿节理朝垂直方向发展的速度大于整个岩层表面的风化剥蚀速度，形成岩层中保持一定深度的龟裂状裂缝裂纹，龟裂状发育相对均衡。

·交错层理：楔形交错层理频繁交错发育的红砂岩，造成了复杂组合貌似零乱却极具规律性的龟裂纹。每一交错层有其自身的垂直于这一交错层的微细节理群，而且还由交错层理楔形聚拢部位向四周散开而具放射状的趋势。最小交错层单元和上一层次的交错层单元，再和整个交错层地层单元，形成了多层次多级序多方位的垂直节理系统——多层次有序组合的龟裂纹系统。从而形成了宏大的千龟万龟竞渡、千龟万龟龟群叠垒的总体图案，而每一大龟却又似由若干小龟组成，形如潮涌却井然有序的龟群“万龟同向”的千龟山神奇景观。与此类似，这种多层次交错层的龟裂纹系统构成了岩柱状峰林的“佛陀峰”上如陀螺状环绕、逐层上升的严密组合的陀螺纹景观，千姿百态的龟裂状石丛石钟。

·水平岩层：只有水平岩层（岩层倾角小于5°），相对稳定的环境下才有利于龟裂纹系统的稳定发育，形成如此规模和稳定的千龟朝阳、万龟叠垒、群狮欢舞的奇异景观。

·龟裂状成景过程是微裂纹先发生，然后更多层次龟裂纹逐渐扩张，在侵蚀、淋蚀程度稳定均一的环境下得以稳定保存。

扩展阅读

◆扩展阅读 ◇1　三江并流黎罗石丹霞景观

三江并流带澜沧江与金沙江之间的云岭山脉，在海拔2600~3700m的剥夷面上（有的海拔可达5000m），由古近系、新近系红色砂岩发育了侵蚀作用、溶蚀作用和冰雪融冻作用复合形成的高山丹霞地貌。北起丽江黎明、黎光，经中部的兰坪罗古箐，至南部的剑川石钟山，呈一南北长约85km的带状丹霞地貌发育地带，面积约1500km^2，简称黎罗石丹霞，缤纷绚丽的高原丹霞景观是三江并流带最有特色景观类型之一，是我国目前已知的面积最大，海拔最高的丹霞景观区，是具很高科考价值、观赏价值的高山丹霞旅游地质景观群。

□　兰坪罗古箐峰丛状丹霞旅游地质景观

○　丹霞孤峰、峰丛显露于丛林

海拔2700~4500m，红色砂岩呈陡崖断壁、赭红赤壁如残垣断壁或似高大红墙，山脊山顶展现高大宏伟的丹霞孤峰、丛峰，峰体轮廓刚毅凝重，具有古冰川遗迹。

原始绿木成荫，遮天蔽日，古树挺拔参天，高山珍奇花木遍山，翠屏赤峰，造型别致明快。

○　倾斜地层导致孤峰、峰丛丹霞特色

地层倾斜制约的丹霞基本单元呈锥状峰丛状丹霞景观；赤壁由叠层条纹条带状组成似涌动的超覆波浪状景观；峰丛多显示具一定高度的夷平面台面；峰丛起伏于绿林间(图3-38)。

图 3-38　罗古箐峰丛状丹霞

○　崩塌岩块点缀成景

沟谷丛林间，崩塌岩块点缀成景。

□　**剑川石钟山峰丛状、群龟状、莲花状丹霞旅游地质景观**

○　钟状锥状丹霞形态奇异

石宝山的龟裂纹状红砂岩的龟纹多深、龟体较宽大厚实，相互簇拥叠垒成锥体，或组成石崖石坝，钟状、锥状、形态怪异高大的龟裂纹石丛。

○　精美的石窟石刻与丹霞景观复合

依山就势，依石雕刻，石宝山石窟、石刻造就精美且民族文化浓郁的石质文化。

部分方山赤壁在侵蚀失去棱角的同时，山体变矮，呈钟状，或下部柱体内缩而呈蘑菇状，石宝山最为典型。石宝山的龟裂纹状红砂岩的龟纹多深、龟体较宽大厚实，相互簇拥叠垒成锥体，或组成石崖石坝，形态怪异的石丛。其分布可分两个层次，标高较高近山顶夷平面的呈钟状、锥状等高大的龟裂纹石丛，结构粗；而标高较低近谷地斜坡上，则为似石锥石芽状较矮小的石丛，如狮子关（图 3-39）。

图 3-39　剑川石钟山峰丛状丹霞

◆扩展阅读 ◇ 2　中国丹霞

○　中国丹霞旅游地质景观

中国南部，广泛展布的侏罗纪白垩纪至第三纪以红色砂、砾岩层为主的红色岩系/红色砂岩，地层厚大稳定，多产状平缓，垂直节理裂隙网络发育。在温湿气候环境下，红色地层抬升，沿垂直节理裂隙系统经风化和流水侵蚀，形成以红色暖色调、陡峭的赤壁、方山，孤立的石山石和奇岩怪石为特色的红色峰峰林峰丛丹霞景观。丹霞山是丹霞地层和丹霞地貌的命名地，也是“中国丹霞”世界自然遗产提名地。

世界上丹霞地貌主要分布在中国、美国西部、中欧和澳大利亚等地。在中国分布最广，发育典型、类型齐全、形态丰富、风景优美，已发现650多处。广东韶关的丹霞山、金鸡岭，江西的贵溪、弋阳、宁都，湖南的新宁，福建的武夷山、泰宁、永安，浙江的永康、新昌，安徽的齐云山，贵州的赤水、广西的桂平白石山，四川的江油、冠县青城山，陕西的凤县赤龙山，云南的玉龙-老君山，都有典型的丹霞地貌。有许多丹霞景观是中国重要的风景名胜区、旅游景区、名山旅游地。

○ “中国丹霞”世界自然遗产

2010年8月1日，“中国丹霞”被联合国教科文组织世界遗产委员会列入世界遗产名录。“中国丹霞”包括湖南崀山、广东丹霞山、贵州赤水、福建泰宁、江西龙虎山和浙江江郎山，典型地代表了从青年早期、青年期、壮年早期、壮年期、老年早期到老年期的“中国丹霞”地质地貌景观特征。

广东丹霞山丹霞景观，20多座岗丘临江拔起，色泽丹红。

福建崇安县的武夷山丹霞景观，36座峰峦雄踞九曲溪畔，形成“曲曲山回转，峰峰水抱流”的丹霞山水，深邃幽奇的洞穴景观，是古代道教活动的中心，建有众多的寺院，摩崖石刻，为现今旅游胜地。福建丹霞景观发育，还有福建冠豸山、福建邵武将石丹霞地质景观。

安徽齐云山，因以“一石插天，直入云端，与碧云齐”而称齐云。

甘肃麦积山、崆峒山丹霞地质景观，有下白垩统三桥组紫红色砾岩、角砾岩构成的奇峰怪崖数十个，山上洞穴遍布，怪石遍地，自古就是“山川雄秀甲于关塞”的名山。

云南西北部高原丹霞景观，玉龙黎明丹霞、兰坪罗古箐丹霞、剑川石宝山丹霞具有高原丹霞，与冰川作用叠加特征。

此外，还有浙江的江郎山、烂柯山和方岩，贵州的梵净山、四川的灌县青城山、乐山凌云山，河北的承德棒槌山、双塔山，广西的金秀水源林丹霞地质景观。

◆扩展阅读 ◇ 3 中国丹霞典型旅游地质景观

·广东丹霞山丹霞地质景观：广东省韶关市 丹霞山丹霞地质地貌景观由中生代晚白垩世河湖相红色岩系红色砂砾岩古剥夷面又间歇式抬升和流水下切，侵蚀构成赤壁丹崖的红层峰林，以峰林状赤壁丹崖地貌为特色，是丹霞地质地貌类风景名山的典型代表、丹霞地貌的命名地。丹霞山位于山间盆地中，有380多座高300~400m的石峰、石堡、石墙、石柱，组成错落有致、形态各异的赤壁丹崖柱林峰群。由方山悬壁、群峰、岩洞、巷谷、碧水景观组合的赤壁丹崖，类型齐全典型、造型丰富优美，是丹霞地质地貌类风景名山的典型代表。

·甘肃张掖彩色丹霞景观：中国西北部干旱地区祁连山北麓侏罗纪至第三纪红色砾石、砂岩和泥岩，干旱条件下受侵蚀作用形成独特的以红色为主的彩色丘陵丹霞景观。

·湖南崀山丹霞景观：崀山丹霞地貌从青（幼）年期、壮年期到老年期的遗迹均有发育。典型的壮年期峰丛-峰林地貌的代表模式地。崀山丹霞景观以密集式圆顶，“身陡、麓缓、顶平”为基本造型，楔状、墙状块体、柱体与线状谷地组合的峰丛-峰林丹霞为特色。造型多姿多彩。

·贵州赤水丹霞景观：贵州赤水丹霞，在茂盛、湿润、温和的竹海、桫椤等亚热带森林生态系统中，白垩系厚层长石石英砂岩为主体地层的丹霞，艳丽鲜红的丹陡崖绝壁、方山、石柱、沟谷、凹槽、穿洞与幽深的丹霞峡谷、丹霞飞瀑、湖泊以及流水侵蚀而形成的马蹄形陡崖、壶穴，古崩塌体、崩石、洞穴、奇山异石组合成万千形态，是丹霞发育早期阶段的山原峡谷-丹霞型地质地貌景观。

·福建泰宁丹霞景观：泰宁丹霞景观以峡谷、曲流、洞穴，奇峰、石柱丹霞石景，与河湖水景奇妙融合山光水色辉映的神奇灵秀水上丹霞为特色，展现活跃造型的青春期丹霞奇观。

·福建武夷山丹霞景观：福建武夷山丹霞景观成景地层岩性白垩系和古近世红色岩系厚达2000m，红色砂砾岩岩层产状平缓，格状垂直节理裂隙发育。流水的侧蚀、底蚀，形成赤壁丹崖峰林地貌。嵌入式河流九曲溪在剖面上呈阶梯状，形成悬崖峡谷、险滩、崩崖、坠石、崩石堆，洞穴等丹霞景观。

·江西龙虎山丹霞景观：江西鹰潭市龙虎山丹霞成景岩性为中生代紫红色河湖相厚层状砾岩、砂岩组成的碎屑岩系，伴有火山岩系。形成石墙、石崖、石柱、石峰、石寨峰丛峰林，单面山、猪背山，蜂窝状洞穴；天生 桥、石门、一线天等造型的丹霞景观，构成从幼年期、壮年期到老年期丹霞地貌的完整序列。

·浙江江郎山丹霞景观：江郎山位于浙江省江山市石门镇。主景区由三石峰、十八曲、塔山、牛鼻峰和仙居寺等五部分组成。雄伟奇特高约319m的砾岩丹霞孤峰的“三爿石”形似刀砍斧劈的石笋天柱，亚峰、灵峰间巷谷仅3m宽，称“一线天”。

岩 溶

·湖盆洼地落水洞

纪 实

丽江东部碳酸盐类岩层广布，在脉动式地壳上升，河道深切的侵蚀作用下，形成了形式多样的岩溶景观。其中，太安溶蚀高地的岩溶落水洞、九子海岩溶洼地以及丽江岩溶湖盆极具景观价值。

◆纪实 ◇ 岩溶地质景观

□ 太安岩溶高地和落水洞

太安三叠系碳酸盐地层组成的溶蚀高地，高原面虽汇水面积局限，但仍保留有星罗棋布发育良好的岩溶漏斗和落水洞，岩溶洼地和岩溶斜坡。

当沿漏斗边缘布满环状作物时，或在岩溶洼地和岩溶斜坡种植作物时，岩溶景观更加醒目（图 3-40）。

图 3-40　太安岩溶景观

□　**九子海岩溶洼地**

九子海位于丽江玉龙雪山甘海子以东，海拔约 2600m。九子海是丽江溶蚀高地中四周环山的最大岩溶洼地，长宽分别为 6km 和 3km。周边青山环绕，绿树成荫。洼地中发育圆形、椭圆形众多落水洞和漏斗（图 3-41）。在洼地北段草甸盆地中间集中分布有 9 个较规则、稳定的天然圆形水潭，因此得名九子海。圆形、椭圆形水塘，水塘中部积水，而边缘露出平缓环状泥沙，周边长满草坪或作物；水塘的泥沙环圈大多南宽北窄，环圈宽度随着季节气候变化。塘水清澈平静，或映蓝天、或映流云。春天遍布报春花和各种山花绿荫。

草甸中散落有古老的木楞房和原始风貌的民居（图 3-42）。

图 3-41 九子海岩溶洼地及水体景观

图 3-42　九子海岩溶洼地草地及民居

释　义

□　岩溶地质景观

岩溶指降雨和水流对碳酸盐类岩石等可溶性岩石的溶蚀地质作用。岩溶又称“喀斯特”，溶蚀作用以化学作用为主。岩溶作用及其产物形成了石芽、溶沟、溶斗、峰丛峰林、溶洞、泉华等各种岩溶景观。由于碳酸盐类岩石的易水解、水溶蚀性，岩溶作用形成了碳酸盐分布区的岩溶（喀斯特）旅游景观。

由于岩石类型的差异、岩石结构的差异、节理裂隙发育的差异以及溶蚀程度的差异，岩溶呈现不同的景观类型。石芽、石峰、石林林柱状峰林峰丛是特色性、标志性岩溶旅游景观，山峰基部稍稍相连的峰林，山峰基部彼此相连的峰丛、不成林的柱状景观，峰丛多分布灰岩山区中心部位，峰林分布其边缘部位，峰丛、峰林进一步溶蚀，则出现孤立分散的孤峰。

□　岩溶峰林湿地

岩溶发育地区，常因岩溶裂隙系统发育，地表水易转化流失而成少水的石山景观，峰丛峰林地区亦然。但当局限性侵蚀基准面/峰丛峰林基座有舒缓的隔水层时，则以储水而形成峰丛峰林湿地/湖泊的山水相映景观。若加上有断裂带导致泉水、地下水补给时，水体更为清新，湖光更为秀丽。

岩溶石山地域，地表水极易流失，岩溶峰林湿地是极其珍贵的岩溶水生态系统。

扩展阅读

□　中国类型岩溶景观

中国南方有众多的岩溶景观的著名风景名胜区：

广东肇庆七星岩有七座石灰岩山峰形如北斗七星，山前星湖潋滟，山多洞穴，洞中多有暗河、各种奇特的溶洞堆积地貌。

广西盆地峰林峰丛：平地拔起的峰林，层层叠叠的峰丛，开阔的岩溶洼地和孤峰，桂林山水和阳朔风光主要是以石芽、石林、峰林、天生桥等地表喀斯特景观著称于世，并且是山中有洞，“无洞不奇”。

以岩洞地貌为主的芦迪岩洞景观，有各种奇态异状的溶洞堆积地貌，形成了“碧莲玉笋”的洞天奇观；七星岩石钟乳构成的地下画廊，琳琅满目；武鸣伊岭岩，北流沟漏洞、柳州都乐岩、兴平莲花岩、兴安乳洞、永福百寿岩、宜山白龙洞、凌云水源洞、龙州紫霞洞等也都是著名的溶洞景观区。

·云南昆明石林风景区：高大巨型石芽群峰林景观有大、小石林，乃古石林，和莫村石林，石板哨石林，天生桥。泸西阿庐沽洞、建水燕子洞，九乡溶洞，白龙洞。

·贵州有兴义尼函石林、修文石林；黄果树瀑布岩壁钙华地貌；龙宫洞，贵阳地下公园，镇宁犀牛洞，镇远的青龙洞，龙山的仙人洞，贵州的织金洞，黔灵山麒麟洞。

·四川九寨沟钙华滩流，珍珠滩瀑布；黄龙风景区钙化池、钙化坡、钙化穴岩溶景观；石柱县新石拱桥为喀斯特天生桥地貌。

·湖南武陵源黄龙洞、冷水江波月洞；神仙府洞。

·江西鄱阳湖口石钟山景区绝壁临江洞穴群；彭泽龙宫洞。

·浙江瑶琳仙境岩溶洞穴。

·江苏宜兴善卷洞、张公洞、灵谷洞。

□ **云南石林·岩溶峰林峰丛**

云南岩溶景观，以云南东部岩溶高原壮观的类型多样的碳酸盐岩溶峰林地质景观石林为特色。垂直节理裂隙系统发育、厚大稳定平缓的古生代灰岩白云岩经溶蚀作用形成大、小石林，乃古石林，芝云洞，奇风洞长湖，月湖，大叠水瀑布等二林、二洞、二湖、一瀑自然景观为主体。呈现石林洼地、岩丘、槽谷、岭背、坡地、盆地，溶洞、溶蚀湖等复合岩溶类型；塔状、剑状（尖锐状、刃脊状、尖锥状）、蘑菇状、棒状、圆柱状、石芽、等林柱体。高达20~50m，剑状、刃脊状连片呈林柱群的峰林最为壮观。

石林峰林景观达400km^2，被誉为“世界石林博物馆”。

冰川湖群
·冰雪遗迹老君山

纪 实

老居山系南段海拔4000m左右的丽江地域老居山山脊东侧，除了现代冰川活动形迹外，还遗存有各类古雪山冰川遗迹。其中，九十九龙潭和金丝厂冰川湖群最为绚丽，最为典型。

□ 老居山九十九龙潭冰川湖群

九十九龙潭为在角峰刃脊冰蚀地貌间，与冰碛物石海、石环相伴，数十个大小不等的湖、塘组成的冰蚀湖群。周边为原生态的密集的云杉、冷杉、高山杜鹃高山山林。景色随季节变化。冬春时节，冰雪覆盖；夏秋时节，冰雪消融，湖边的杜鹃花林与清澈的湖水、飞云相映，溢湖的溪流穿插于原始森林、湿地沼泽。湖群以姊妹湖、圣母湖最为秀丽神秘（图3-43）。

图3-43　老君山九十九龙潭

□ 金丝厂冰川湖群

金丝厂角峰刃脊下，成群的冰蚀湖，与云杉、冷杉、高山杜鹃高林相嵌，与石海、石环、石河等冰碛物相拥相依（图 3-44）。

图 3-44 金丝厂遥感影像

扩展阅读

◆扩展阅读 ◇ 三江并流冰川湖群

○ 千湖山

· 高原面上雪山冰川消融后的古雪山冰川遗迹（图 3-45）

图 3-45 千湖山古冰川刃脊、角峰遗迹及冰川湖

·雪山冰川消亡的冰川湖群

冰川湖数百水体星罗棋布的展布于千湖山高原面/夷平面上，海拔约 4000m 左右、延伸约 50km，宽约 3~5km；水体小的数平方米，大者的数百平方米；古雪山冰川遗迹的代表性冰川湖群：三碧海、碧沽天池。

·千姿百态的古冰川遗迹

冰蚀湖、冰碛湖、冰斗湖与冰川残山、冰碛物、冰川漂砾与角峰刃脊组成结构完美的古冰川遗迹。

·冰川湖群与周山植被组成古冰川原生态遗迹

冰川遗迹伴湿地、草场、原始森林、高山珍奇花卉，原生态山野秀丽优雅。

崩 滑

·崩滑造势虎跳峡

年轻的喜山期造山系、横断山脉。高山巍峨、山脉纵列、峡谷深邃，岭谷相间、滑坡崩塌频发。常在谷坡或谷底堆积有崩塌体、滑坡体，或经流水冲刷、磨砺的特定岩类砾石砾块，聚集成奇石滩，并多因岩类不同、形成时间不同，构成表征不同地质事件/岩类奇石滩，也是显示现代地质环境变异的地质形迹。

纪 实

◆纪实 ◇ 1 上虎跳崩塌体与奇石/奇石滩

上虎跳峡有含构造岩的崩塌体、冰川漂砾的多期崩塌物的复杂堆积。在金沙江江底因江水的冲刷、砾石砾块的相互撞击、淘汰细小砾砂，多保留较大或巨大的砾石砾块，有的常常形成相似类型岩块/石块的奇石滩。靠江岸中下部为大小不等混杂的崩塌体。江岸上部为直立岩层、强烈破碎、断裂面发育的陡峭的岸壁及崩落岩堆，或残留的冰碛物、冰川漂砾（图3-46）。

○ 上虎跳崩塌体·奇石滩

虎跳峡上虎跳崩塌滑坡体构成奇石滩景观。

·构造岩、冰碛石随冰川作用、崩塌作用堆积于峡谷岸坡。

·金沙江的虎跳峡奇石滩是虎跳峡北岸构造岩崩塌体，经流水冲刷雕琢、筛选，显露于江岸和江谷（图3-47）。奇石滩观赏性、科考性皆佳，为具事件石意义的奇石景观。

近峡谷谷底，保存有历经携带砾石的滔滔江水撞击的巨大砾块，块度数米至一二十米不等，如虎跳石（图3-48）。

○ 上虎跳构造岩崩塌体

虎跳峡的上虎跳北岸坡，在崩塌物中显露有大量构造岩砾石、砾块。这些砾块都是经历强烈挤压、剪切、搓动作用形成的构造岩（图3-49）。

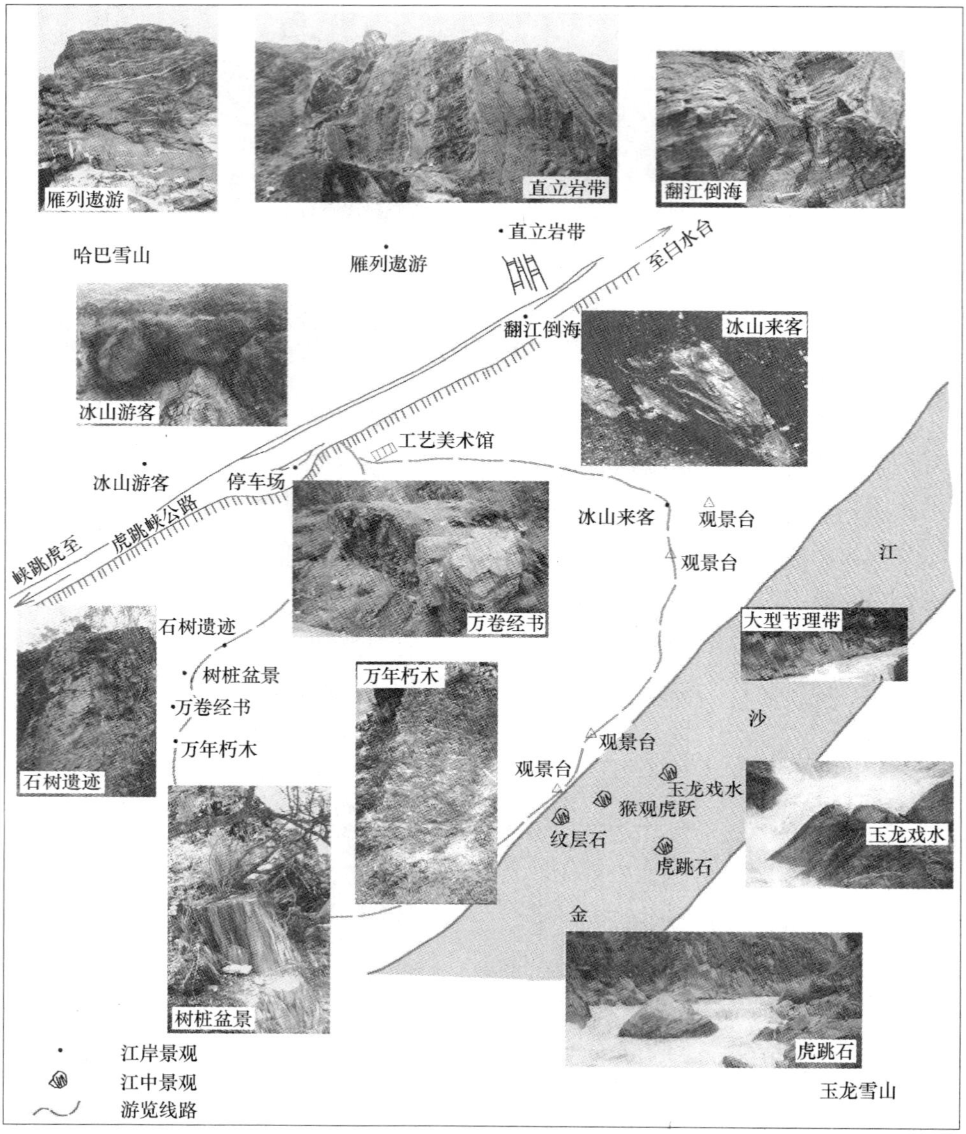

图 3-46　上虎跳标志性的崩塌砾块奇石

图 3-47 虎跳峡上虎跳近谷底傍岸堆积的崩塌岩块

图 3-48 上虎跳峡江心巨大砾块

图 3-49　上虎跳峡岸坡混杂崩塌物中的构造岩块

○　上虎跳冰川砾石

上虎跳崩塌物上层中多见有冰川砾石，冰川砾石型多似羊背石，多擦痕、凹痕；在表层冰碛物多见。

◆纪实 ◇ 2　下虎跳滑石板滑坡 · 峡谷出平湖

· 下虎跳峡北岸滑石板陡峭岸坡上，经历 1996 丽江大地震后，诱发的大型滑坡遗留的滑坡面（图 3-50）。

图 3-50 下虎跳近代大滑坡

·1996 滑石板大滑坡的滑坡引起的尘雾；滑坡体曾经导致峡谷一时堵塞断流，呈现“峡谷出平湖”景观。

释 义

◆释义 ◇ 1 地质灾害遗迹旅游景观

崩塌、滑坡、泥石流发育于山高坡陡、区域地质构造复杂、板块交汇碰撞或大地构造单元交会的区域性断裂构造带、挽近强烈活动的新构造运动带、频繁地震活动带。

地陷、地表陷落。多因岩溶发育地区地下浅表部位岩溶塌陷、岩溶空洞导致地表陷落；或因地下开采采空区引起地表陷落。有的地陷在地表是突发性的，可造成深逾 100m，直径逾 10m 的地坑（有的称为“陷坑”），如美国佛罗里达州的地陷。

滑坡、崩塌、泥石流是山地常见的一种重力地质事件，是欠稳定地质体在其重力与水作用下，产生崩落、滑移、搬运的地质灾害景观，特别是活动性构造制约的山地自然环境受到工程干扰时，易于诱发的突发性、短暂性、破坏性，常与暴雨关联的地质景象。因滑坡、崩塌、泥石流对地质生态环境及人类生命财产的危害性，通常将其列为地质灾害。

·滑坡，是指斜坡岩体或土体沿着某一软弱面（带）整体下滑的地质现象。

·崩塌，是指地形陡峭山坡上的岩石岩块在自身重力作用下，整块地突然向山下崩落和坠落。

·泥石流，是山区含有大量泥沙、石块等固体物质并具有强大破坏力的特殊洪流。

崩塌、滑坡、泥石流具有其典型的景观要素及其景观结构特征。

滑坡、崩塌、泥石流的诱发因素和发育特征多是复合因素综合发育。因各地的地质地貌条件、气候条件不同而异。我国西南地质条件复杂的山地多因暴雨而致；华南和中南高山丘陵区，主要以风化壳滑坡、碎岩土滑坡多见；而高纬度、高海拔的青海、西藏、新疆北部、黑龙江等以融冻滑坡为主。

扩展阅读

◆扩展阅读 ◇ 1　三江奇石滩

◇　奇石滩旅游地质景观

金沙江、澜沧江、怒江三江边滩浅滩河段，由冰川、泥石流、流水冲刷、堆积有特定岩类砾石砾块，具有观赏价值和科考价值，聚积而成特定观赏价值和科考价值的奇石滩旅游地质景观。代表性的有虎跳峡奇石滩、奔子栏奇石滩、跃进桥奇石滩。

◆扩展阅读 ◇ 2　周边三江典型崩塌体

·（崩石）景观

金沙江岸多崩塌堆、岩屑堆景观。

1983 年 3 月 19 日，凌晨 2 点 30 分，怒江东岸岸坡巨大崩石恰巧神奇般崩落于福贡匹河中学院坝，形成罕见的福贡匹河飞来石（崩石）景观（图 3-51）。

图 3-51　怒江东岸“飞来石”崩石景观

◆扩展阅读 ◇ 3　中国滑坡崩塌泥石流典型景观

□　陕西西安翠华山山崩遗迹

陕西西安秦岭山脉翠华山，距今 10 亿年前的中元古界变质杂岩。挽近时期，秦岭北麓大断裂强烈活动，导致质坚性脆的山体崩塌，形成断崖悬壁残山、崩石叠堆石体、堰塞湖瀑、造型奇异的崩落巨石等山崩地质景观。

山崩残山玉案峰、甘湫峰、翠华峰形成三峰鼎立残峰断崖；集中于翠华峰、甘湫峰和大坪的山崩巨大石块，堆砌叠置呈崩塌石海；山崩倒塌堵塞河流而形成甘湫池、大坪、水湫池堰塞湖，集中展现了翠华山山崩地质景观的典型特征。

□ **西藏易贡滑坡遗迹**

青藏高原新构造运动活跃，山体快速剧烈抬升，河流深切峡谷发育，冰川活动强烈的地质环境，致使近代滑坡崩塌异常活跃，西藏波密县与林芝县接壤处，形成易贡崩塌滑坡、古乡泥石流、帕隆沟泥石流、102 大滑坡、东久泥石流等崩塌、滑坡、泥石流景观群强烈典型的活动性构造形迹。

易贡巨型山体崩塌滑坡遗迹，崩塌最大落差达 2580m；崩塌体撞击扎木弄沟内松散堆积物诱发高速远程滑坡，垂直运距 640m，水平位移达 6700~7000m，堆积体达到 3 亿立方米；堆积体内巨石最大直径达 44m。伴之高速滑坡崩塌形成滑擦痕、喷水冒砂坑、土丘群遗迹；崩塌滑坡体堵塞河道形成易贡堰塞湖；堰塞湖溃堤又诱发次生崩塌滑坡遗迹。构成现代崩塌滑坡泥石流链遗迹。

躁　动
·地壳活动激活地震

纪　实

◆纪实 ◇ 1　活动性构造

晚更新世以来，影响丽江地质构造、强烈活动的断裂有：近南北向剑川-桥头断裂、玉龙雪山西麓断裂、玉龙雪山东麓断裂、北东向丽江-剑川断裂、鹤庆—洱源断裂，北西向大具-大东断裂。并形成菱形断裂系统。

近南北向延伸的玉龙—哈巴雪山断块隆起和近东西向延伸的太安—关坡隆起两个隆起区，从更新世一直延续到现代强烈活动。强烈的新构造运动表现为山地与谷地（或盆地）差异活动，间歇性抬升和断块间的差异运动，高原面解体形成了高原面-侵蚀谷坡-谷地和山间盆地三层次地貌。玉龙雪山海拔 5596m，盆地海拔 2300 ~ 2700m，高差约 2800~3200m。

活动性断裂导致丽江地域地震活动，也显示现代地质环境的地质形迹。

◆纪实 ◇ 2　丽江周边的地震活动

位于新构造运动强烈的三江并流带、区域三大大地构造单元接壤、区域性活动断裂交会的丽江，是近代地质活动异常强烈的地域。

怒江地区近 70 年来发生大于 5 级地震 12 次，最高震级 6.5 级。

丽江位于中甸-大理-弥渡地震带北段。丽江城周近 400 年来记载大于 4.7 级地震 29 次。

丽江盆地及其邻近地震频繁，如 1515 年 6 月 17 日永胜 7 点多级地震，1950 年 8 月 26 日丽江 4.7 级地震、1951 年 12 月 21 日剑川 6 点多级地震、1975 年 12 月 1 日丽江鸣音 5.5 级地震、1982 年 7 月 3 日剑川 5.4 级地震、1996 年 2 月 3 日丽江 7 级地震。1996 年的“2·3”丽江大地震，产生了地裂缝、地陷、抛石现象，发生了崩塌、滑坡；玉龙雪山雪峰也因地震而有消失。

◆纪实 ◇ 3 丽江 1996 年 2 月 3 日地震

1996 年 2 月 3 日 19 时 14 分滇西北中甸-丽江地区丽江县境内发生了 7.0 级地震。主震后，余震频繁，M>3 级 261 次，其中 M>5 级有 7 次，波及丽江、迪庆、大理、怒江等地州 9 县、92 个乡镇。受灾人口逾百万人。

1996 年的“2·3”丽江大地震，发生了地裂缝、地陷、抛石现象，出现了崩塌、滑坡。有的现象已不复存在，有的仍保留有遗迹。例如玉龙雪山雪峰因地震而有消失。

□ 地震烈度

丽江 1996 年“2·3”大地震属主震-余震型地震。主震震源深度 10km，余震震源深度 5~15km。

震中于位丽江县城以北的玉湖至黑水间。地震极震区呈南北轴长 68km，东西轴宽 28km 的椭圆形地带，面积约 1225km^2，烈度为Ⅸ度，民居房屋严重毁坏，出现地裂缝、滑坡、崩塌、跳石、喷砂冒水等地表破坏现象（图 3-52）。

因震区地质构造场地条件的差异，震区烈度不均匀，余震时空分布亦反映了这一特征。

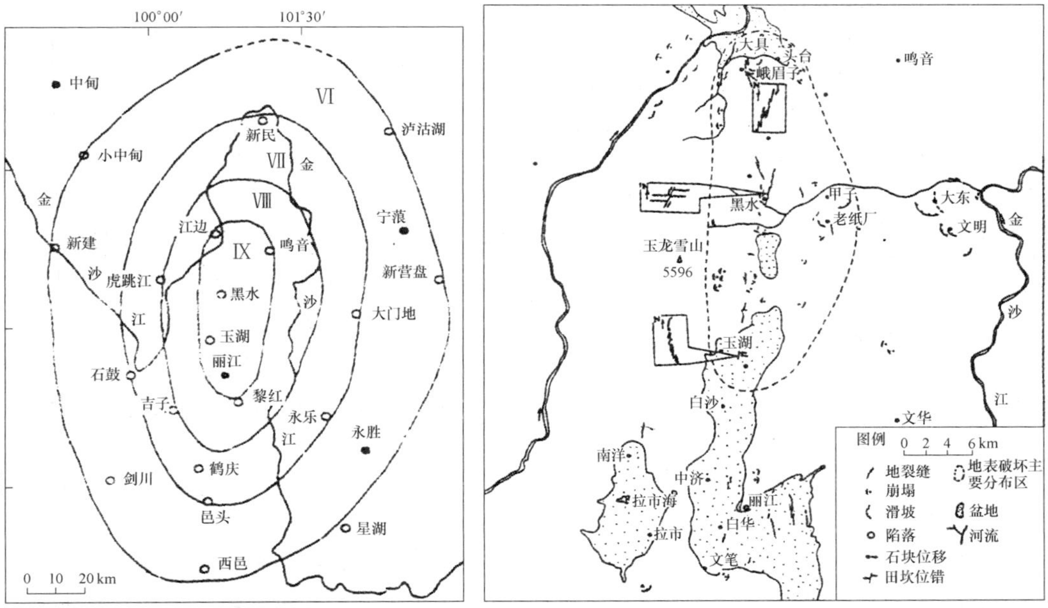

a 丽江地震烈度分布图　　*b* 丽江地震区地表破坏分布图

图 3-52 丽江 1996 年“2·3”大地震地震烈度及地表破坏分布图

□ 地震破坏性及震害

地震地表破坏主要见于极震区及高烈度异常区。

·地裂缝（地表构造裂缝）：由大具至黑水、玉湖、文华极震区近轴迹部位，南北长约 30km 的范围内地裂缝广泛发育。地裂缝由雁列排列的裂缝群组成裂缝带。单裂缝一般长数米至数十米，裂缝带长达 1.5km，宽数米至数十米，水平和垂直错距大的可达 20~30cm。

·崩塌：主要有基岩崩塌、山前冰川崩塌和雪崩、强风化基岩崩塌、第四纪松散边坡堆积崩塌。

·地表沉陷：见于极震区玉湖、文华一带约 1.5km^2 范围内，沉陷数米，单个沉陷直径 2~20m。

·地表跳石：（抛石）见于极震区中心玉湖、文华一带部分镶嵌于黏土中的数十克至数千克的石块（抛石粒径 2~60cm）抛掷跳离原在地数厘米至数十厘米（最远 70cm），跳动优势方位为北东东和南东东（近乎向东边）。它是一种地震强地面运动的独特现象。

·地震灾害：丽江盆地内震害指数不小于 0.51 的，主要呈 5 个带，显示了地震烈度和震害的不均匀性。

释　义

◆释义 ◇ 1　地震

地震是地壳活动使地壳的物质状态或应力状态失去平衡发生异常的一种表现形式。90%以上的地震属于构造地震。它是地壳内部应力积累和突发性释放、地壳破裂活动的显示，活动性构造（又称新构造运动）是诱发地震的潜在危险性最重要因素。

新构造运动活跃的地段也是地震的多发地段。地震是新构造运动的一种特殊表现形式。新构造运动活跃的地段也是地震的多发地段。破坏性地震相对集中、频率高，主要发育于第四系以来继承性活动的深大断裂、走滑断裂，拐弯或相互交汇部位、断裂分段性活动交替地段，继承型或新生型断陷盆地。三江并流所处的中甸-大理-弥渡地震带是近代云南地震活动强烈的地带之一。主要发育于第四系以来继承性活动的深大断裂、走滑断裂，拐弯相互交汇部位，继承型或新生型断陷盆地。

怒江地区近 70 年来发生 5 级地震 12 次，最高震级 6.5 级，中甸-丽江-大理地区近 1200 年来有记载的大于 4.7 级地震 96 次，其中大于 6 级地震 17 次，最高震级 7.75 级。

◆释义 ◇ 2　丽江 1996 年 2 月 3 日地震征兆析

○　地震征兆

因地震是在特定地区中，地壳活动及其外部环境的作用的聚集，超越和破坏了原有平衡环境，例如使原有相对平衡、相对宁静的构造应力场失去平衡，形成了高强度的应力异常。这种平衡环境的异常化必然导致该地区中原有的许多条件的变异。这些变异除了以构造应力异常为根本的强烈变异外，还出现与之相伴的许多异常可作为地震的征兆，可作为地震预报的参考标志。

在丽江 1996 年 2 月 3 日地震在孕震发震过程中，出现的主要地震征兆有：

·地应力异常：在有关联地区出现震群活动。

·气候的涝-旱剧变异常。

·气压的剧降异常。

·地下流体异常：震前出现水氡异常、水位异常。

· 地热异常：震前出现近源区地热（水温）趋势异常，部分测点地热有短临突变。
· 电磁波异常：震前出现电磁波异常（异常频段较宽，主信号延续时间最短）。
· 宏观异常：临震前曾有马、牛不进圈及泉（井）水异常的情况，但覆盖率非常低。

扩展阅读

◆扩展阅读 ◇ 1 地震遗迹旅游景观

地震是现今地壳活动、地应力聚集后释放的一种突发性的特殊方式。强烈地震可导致地面变形破坏，形成地裂缝、地陷，甚至山体崩落，河道堰塞成湖；伴随强烈的地壳快速颤动，可导致建筑物坍塌、设施破坏等一系列危及人类生命财产的地震遗迹。这些地震遗迹构成地震遗迹景观，地震遗迹的保存、展示，可形成地震遗迹旅游景观。

与构造地震活动有关所留下的各种地震地质作用和地震效应形迹的地震遗迹。地震遗迹主要包括地裂缝、同发型滑坡、崩塌、地表堰塞湖、陆地沉没，城镇、村落、房舍及桥、塔等建筑设施被破坏，甚至劈山移石，地面鼓包、喷水涌沙等景观现象。除了新近发生的地震留下的地震遗迹多较清晰外，时代愈久远的地质遗迹，只有大震的遗迹残留，且多模糊。

地质遗迹主要分布在地壳与洋壳交界、板块接壤的新构造运动活动性区域性断裂带，如环太平洋地震带、地中海-喜马拉雅地震带。

强烈破坏性地震常常遗存有地震遗迹景观。如：

海南东寨港的“海底村庄”遗址是我国历史上唯一的陆陷沉海地震废墟。1605 年 7 月 13 日琼州大地震海南琼州 8 级大地震，72 座村庄陷落海底，现在东寨港一带海水处低潮时，清晰可辨村庄遗迹。

辽宁海城 1975 年 2 月 4 日发生的 7.3 级强震，使海城析木乡唐代砖结构塔出现 8～23cm 宽的裂缝。

◆扩展阅读 ◇ 2 中国遗存代表性地震遗迹

□ 地震地质遗迹类型

○ 地震地质堰塞湖遗迹

· 1856 年咸丰-黔江（湖北四川接壤地带）地震遗迹小南海湖群。

· 2008 年 5 月 12 日汶川地震遗迹（四川汶川、北川）唐家山堰塞湖 、石板沟堰塞湖，青川县地震堰塞湖群。

· 2010 年 4 月 14 日“4·14”玉树地震。

· 1933 年 8 月 25 日叠溪（四川茂纹）地震遗迹大小海子湖群。

◇ 地震地质山体滑坡崩塌及断崖遗迹

· 1812 年新疆尼勒克地震遗迹。

· 1951 年 11 月 18 日西藏蓬错的 8.0 级地震，山崩滑坡，大地开裂，喷水涌沙，强震使鲁定村一行（7 棵）大的柳树被撕裂，现仍生存。中国多活动性构造带，是地震强震多发的地域。从公元前 1831 年至今，有史料记载的地震逾 4000 次。仅 1900~1979 年就发生 5 级以上地震 2600 次，其中 6 级以上 500 余次，8 级以上 9 次。多集中分布于西北山地、西南山地、东南沿海地带。

□ **遗存的代表性历史地震遗迹**

1812 年新疆尼勒克地震遗迹，1786 年四川康定南地震遗迹，1739 年宁夏银川-平罗地震遗迹，1709 年宁夏中卫地震遗迹，1679 年三河-平谷地震遗迹，1695 年山西临汾地震遗迹，1668 年山东郯城地震遗迹，1654 年甘肃天水地震遗迹，1605 年海南琼州地震遗迹，1607 年福建泉州地震遗迹，明成化末正德未陕西西安地震遗迹，1536 年四川西昌地震遗迹，1556 年陕西华县地震遗迹，明·嘉靖隆庆年地震遗迹，1514 年云南大理地震遗迹，1290 年内蒙古宁城地震遗迹。

□ **中国国家级典型地震遗址/国家级地震遗址保护区**

◇ 21 世纪以来，中国先后建立了一些国家级地震遗址保护区。如：

山东郯城麦坡地震活断层遗址、枣庄熊耳山崩塌开裂地震遗址，重庆黔江小南海古地震遗址，云南永胜红石崖大地震“天坑”遗址，宁夏西吉党家岔地震滑坡堰塞湖遗址，海原大地震遗迹遗址。

近期发生在中国的大地震遗址，多建有典型性地震遗址遗迹博物馆或纪念性碑记录。如：1976 年 7 月 28 日唐山地震遗址纪念公园，2008 年 5 月 12 日汶川地震遗址博物馆。

○ 云南永胜红石岩古地震遗址

1515 年 6 月 17 日，永胜发生 8 级大地震，震中距今永胜县城西北 3km 的红石岩，地震使三刀山产生约 50~300 米宽、最深处 500m、9000m 长的裂缝；三刀山截削、分割成三个山体，使原南北流向的灵源箐水系改道流入五郎河水系。

原北胜州州城成为废墟。

经过 500 余年的风化剥蚀，至今仍遗存有形似马蹄形的“天坑”，幽深陡峭的峡谷等古地震遗迹。

永胜县红石崖大地震遗址列入国家级地震遗址、国家级典型地震遗址。

Ⅳ 人地耦合篇

·丽江大地人地耦合地质文化

“丽江人”·古人类活动遗迹

岩画·远古人类遗迹

石刻碑雕·以石为材的刻雕

石质建造·以石为材的建造

石头城·依石就石古村落

东沙河·古水利工程遗存

关隘·不用城墙的古城门户

石材·地域标识的石料

雪山文化·地质景象衍生文化

《印象丽江》·地质实景演艺文化

"丽江人"
·古人类活动遗迹

纪 实

◆纪实 ◇ 1 古人类"丽江人"遗址

○ "丽江人"化石

古人类"丽江人"遗址位于丽江县城南 13km，丽江盆地东部次级金山盆地南端、近盆缘的漾弓江河岸木家桥附近沙砾层。先后发现古人类化石、哺乳动物化石；石制品刮削器、砍砸器、石球；鹿角制品。

1956 年，在该地出土了三根古人类股骨化石；

1958 年，在木家桥附近出土了一批旧石器和兽骨化石；

1964 年，在木家桥出土了一具少女头骨化石；

1983 年和 1984 年又在沙砾层中发现了一批动物化石和石制品，旧石器时代的石器 28 件。

○ "丽江人"命名

根据哺乳动物化石判断，其地质年代属更新世晚期。

少女头骨化石在考古学上定名为"丽江人"。距今 10~5 万年，属旧石器时代晚期智人。

"丽江人"是古人类在丽江活动遗迹的典型代表。

"丽江人"表现蒙古人种的特征，表明早在 10 万年前，已有中华民族的祖先在丽江地区繁衍生息。

1988 年 11 月 9 日，丽江纳西族自治县人民政府将遗址公布为文物保护单位。"丽江人"古人类遗址是丽江及其邻近地域人类起源发祥文化的标志（图 4-1）。

图 4-1 "丽江人"遗址

◆纪实 ◇ 2 古人类活动遗迹·古人类文化

根据考古资料，丽江古人类遗迹除“丽江人”外，还有旧石器、新石器、青铜器时代人类活动遗迹（图 4-2）。

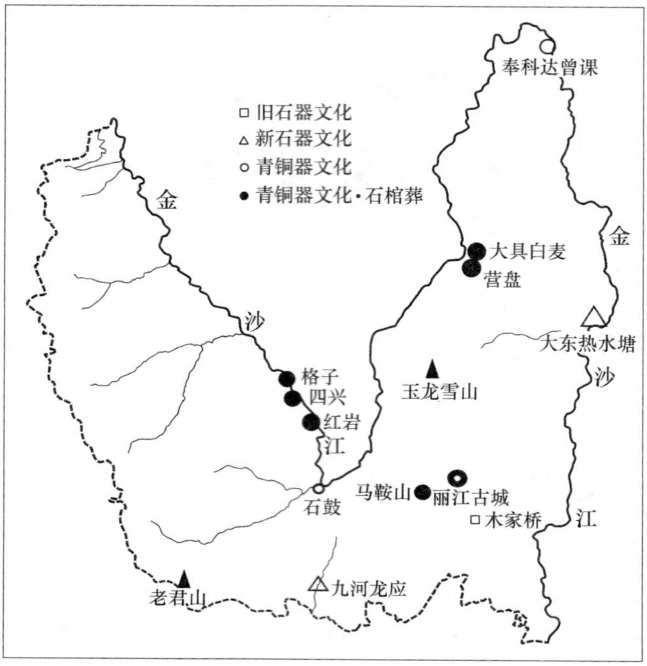

图 4-2 丽江古人类活动遗迹

·旧石器时代遗迹：主要为木家桥“丽江人”遗址的石制品。

·新石器时代遗迹：主要发现于金沙江流域。有：黑白水热水塘的鹿类牙床化石；大东乡热水塘老八课石斧、石锛、石凿；九河龙应村骨针。

·青铜器时代遗迹：主要发现于金沙江流域。有：大具石棺墓葬石板、石簇；白麦村石棺墓铜钺；石鼓巨甸石棺墓群铜矛、剑、簇、镯、刀、削、铜镜，陶器；大研镇马鞍山（丽江盆地西）软土、沙土、贝壳、砂砾石堆积层中石棺墓铜兵器剑、簇、削；陶器；奉科铁器。

·金沙江流域丽江段金沙江岩画：较集中见之于金沙江“玉龙湾”河段江岸带陡峭崖壁。共 60 余处。主要为野生动物和狩猎场景，成画具有旧石器时代崖壁画特点。

释 义

◆释义 ◇ “丽江人”遗址文明

“丽江人”遗址的发现，填补了西南地区还没有出土过旧石器的空白。

丽江人发现同期，丽江邻近，发现于迪庆维西县的戈登新石器遗址、怒江兰坪县的马鞍山、玉水坪新石器文化遗址以及丽江新石器文化遗址，均出土了以本地岩石或河流卵石为材料打制的石器。这些石器不仅石质坚硬，而且加工精细，形体多变，不仅反映出当时三江并流带各民族先民的生产生活方式，而且成为本地区石崇拜的起源。这表明：早在远古时期，横断山脉就存在悠久灿烂的古代文明。

扩展阅读

◆扩展阅读 ◇ 1　地球生命地质遗迹

○　寒武系生命大爆炸

在地球生物的源头上，能为人类提供地球历史早期生物演化细节的古生物群实例，表征地球生物生命出现的寒武纪早期海洋动物群，被称为“寒武纪大爆发”。迄今为止，全世界仅发现有 3 处生物群：

· 澳大利亚的伊迪卡拉动物化石群（以水母类为主，距今 5.8 亿年前）；
· 中国的云南澄江动物群（距今 5.3 亿年前）；
· 加拿大的伯吉斯页岩动物群（距今 5.1 亿年前）。

○　恐龙世界

侏罗纪白垩纪是恐龙为代表的大个体生物群繁衍昌盛时期。在恐龙遗址上多建有博物馆。中国自贡恐龙博物馆、美国国立恐龙公园、加拿大恐龙公园为世界三大恐龙博物馆。

◆扩展阅读 ◇ 2　古人类遗迹

“古人类”是对化石人类的一种泛称。

从猿类到人类共经历了腊玛古猿、南猿、猿人、古人、新人等几个阶段。一般将更新世晚期（约 1.2 万年）的新人以前划为古人类范畴；全新世以来，新石器时代以后的属现代人范畴。除新人与现代人属同一亚种外，其余均已绝灭。

我国发现的古人类遗址有 200 余处，从老到新代表性的主要有：

旧石器早期古人类遗址：云南元谋古猿、陕西蓝田猿人、北京猿人、湖北郧县猿人、湖北郧西猿人以及陕西大荔人、广东韶关马坝人等。

旧石器中期古人类遗址：湖北长阳人、山西丁树人、贵州桐梓人、山西阳高许家窑人、周口店龙骨山人等。

旧石器晚期古人类遗址：广西柳江人、四川资阳人、内蒙古河套人、北京山顶洞人等。

◆扩展阅读 ◇ 3　北京猿人遗址遗迹

□　**北京猿人**

北京周口店龙骨山北京猿人先后发掘头盖骨、牙齿、股骨、碎头骨等化石，是晚期直立人代表。根据从古人类遗址同时发掘出的动物化石推测，北京猿人的生存时间约距今四五十万年，是迄今世界上古人类遗址中最具代表性、资料最丰富也最完整的一个古人类遗址。

1953 年建立了“北京猿人陈列室”，1972 年建立了“北京猿人展览馆”。

周口店北京猿人遗址1987年被联合国教科文组织列入世界遗产清单。

◆扩展阅读 ◇ 4　云南古人类遗迹

·云南是地球生命发育较早的地域。也是迄今发现的古人类及古文明较系统的地域。从古至今发现的古人类有元谋人、昭通人、西畴人、丽江人、昆明人、通海人。

滇中是地球生命发育尤为活跃和齐全的地域。滇中有标志古老的地球生命演化标志的地史古生物遗迹：澄江古生物动物群、禄丰恐龙、“元谋人”古人类。

·元谋人，又称元谋直立人、元谋古猿，为远古直立人类化石。元谋人的距今年代为170万年左右，早于“蓝田人”、“北京人”、“山顶洞人”等猿人，为迄今发现的我国最古老的原始人类遗址。

1982年2月，国务院公布元谋人遗址为国家级重点文物保护单位。建有元谋人遗址纪念碑；1987年于元谋县龙川街建元谋人陈列馆。

◆扩展阅读 ◇ 5　丽江邻近古人类活动遗迹

丽江邻近古人类活动遗迹主要有剑川海门口“干栏式”建筑聚落遗址，大理洱海银梭岛贝丘遗址。

◇ 剑川海门口遗址：距今3000~5000年。

遗址：剑川剑湖出水口附近。

遗迹·水滨“干栏式”建筑聚落遗址；

·水稻种植的农耕族群；

·中原文化/稻、粟、麦等农作物遗迹。

表明：·“干栏式”建筑延续为丽江邻近地域山区遗存/传承的传统建筑；

·开创边地与中原大地沟通交流；

·丽江邻近史前白族先民开始定居农耕文化。

岩 画
·远古人类遗迹

纪 实

◆纪实 ◇ 岩画·丽江金沙江岩画

□ 金沙江岩画

沿金沙江江岸分布的岩画。金沙江中上游云南段的金沙江岩画见于迪庆、丽江、大理、楚雄金沙江流域近金沙江江岸；与其相邻的四川攀枝花、凉山也有分布。以迪庆、丽江相邻的金沙江河段为密集。

金沙江岩画发现于 20 世纪 80 年代，90 年代作过系统调查研究。认为属旧石器时代岩画。

□ 丽江金沙江岩画

○ 岩画点

岩画点较集中见之于长江第一湾“石鼓湾”之下河段，虎跳峡向北又急转向南的“玉龙湾”金沙江河段 20～2000 m 江岸地带（图 4-3）。共 60 余处（21 世纪初核实 52 处）。

岩画大都绘在江岸下部、面向江面的陡峭崖壁，有的绘画在江岸砾石砾块上。

岩画下多有能容二三十人站立的临江平台。

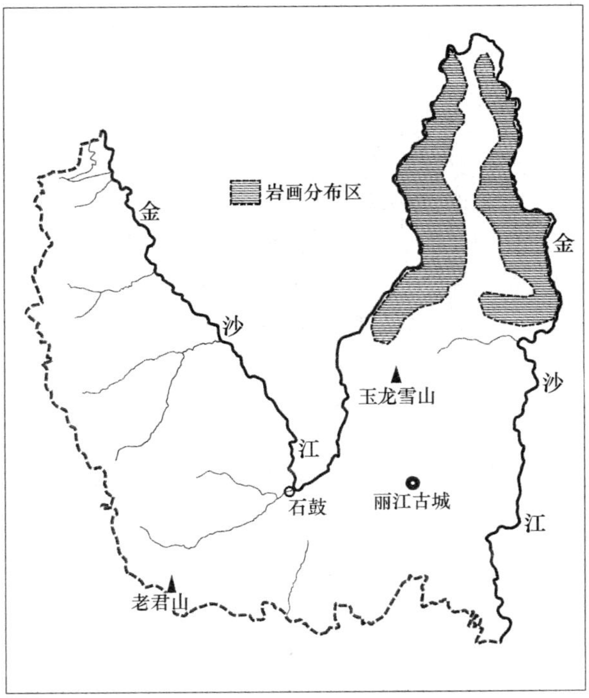

图 4-3 金沙江岩画遗存地域

○ 岩画内容

·岩画主体：主要为野生动物和狩猎场景；其次为人物。还有抽象图案、符号（图4-4）。

·岩画画幅：岩画点画幅大的达200m^2，小的不到1m^2；岩画图像大的约10m^2，小的不到1m^2。

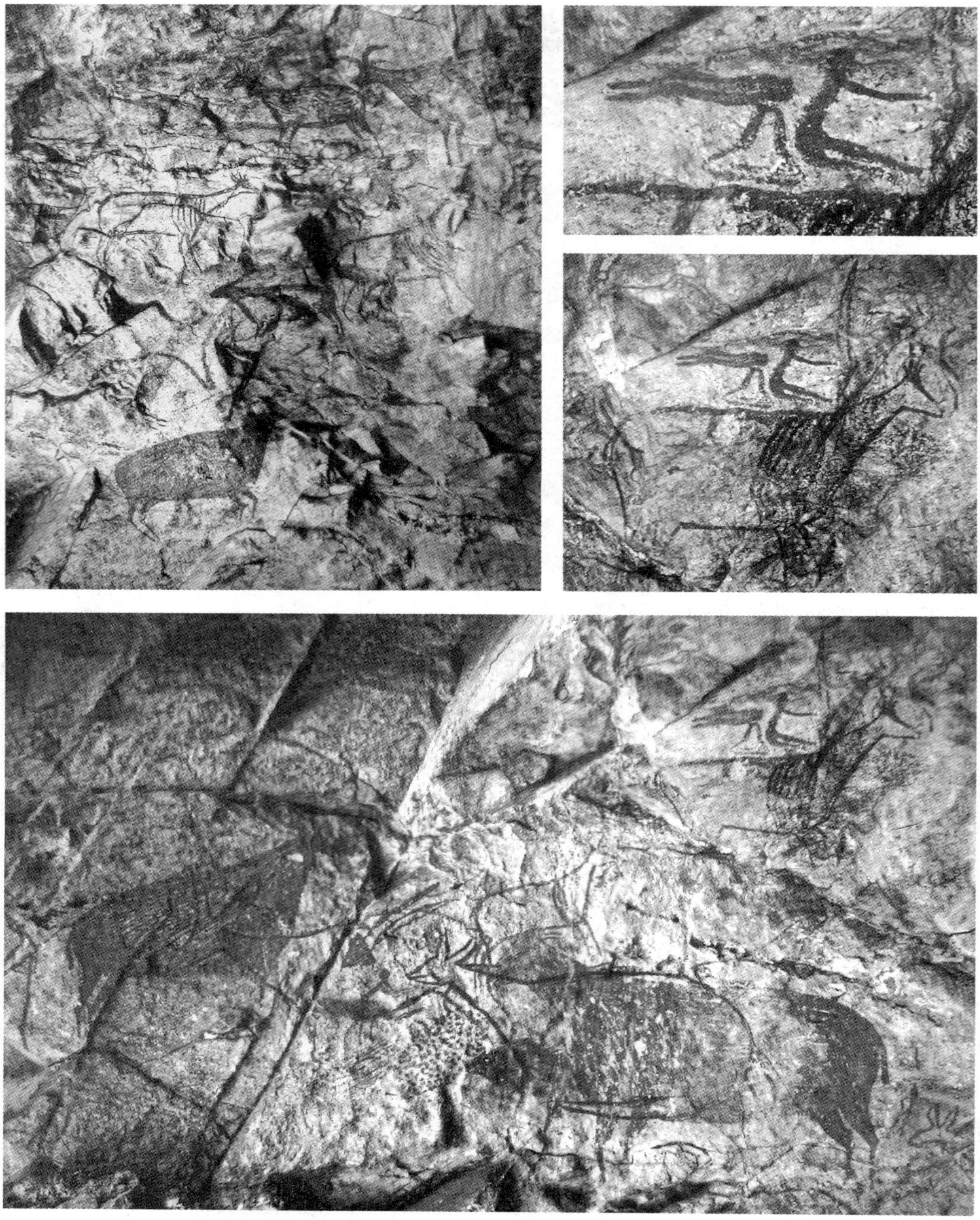

a

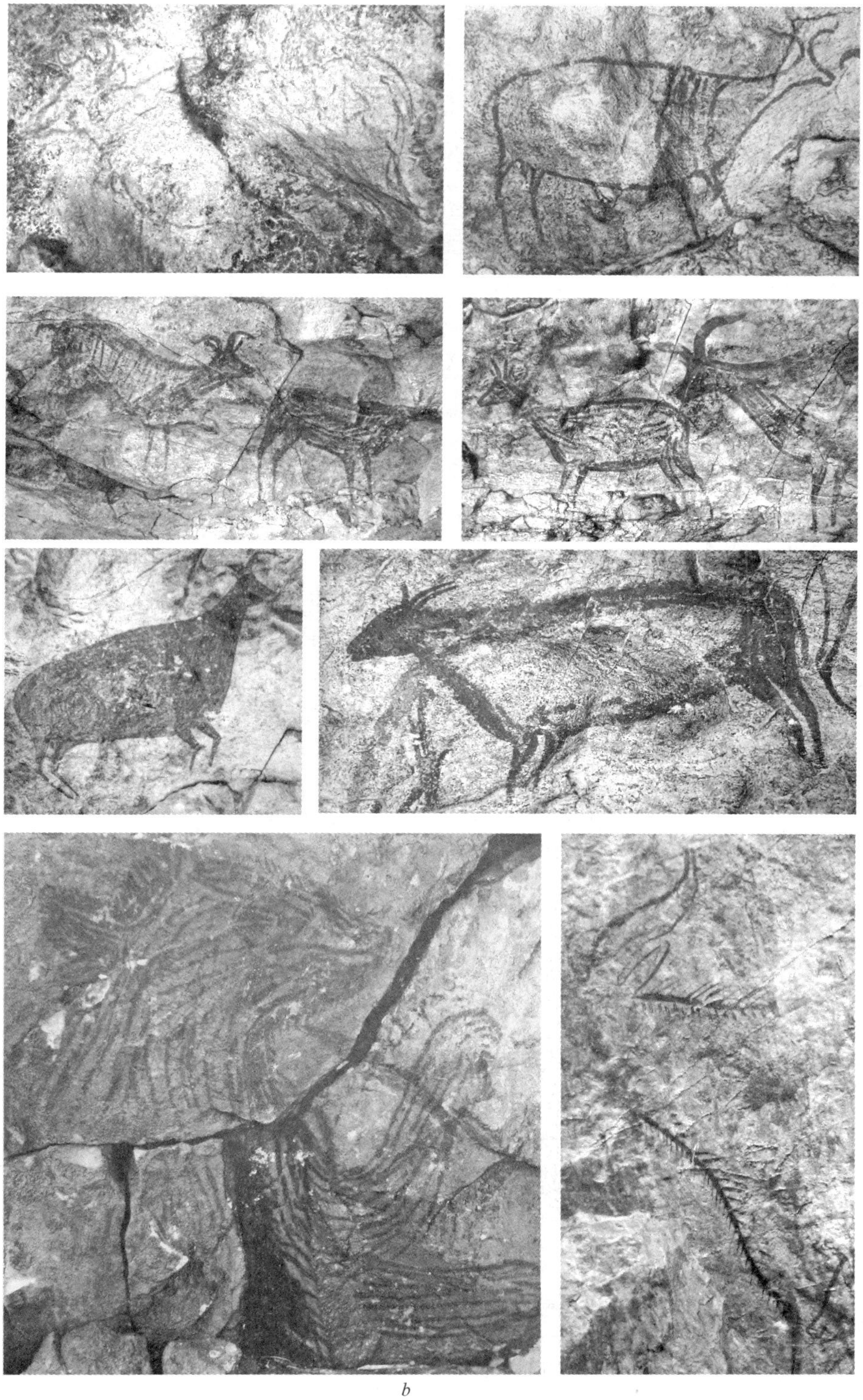

b

图 4-4　金沙江岩画（局部）

·野生动物：野牛、鹿、野猪为多；还有麂子、獐子、盘羊、岩羊、羚羊、猴、刺猬。
画中动物大的达二三米，小的仅三四厘米。
动物或成群结队，或独行。

·图像符号：三角形、圆形（空心圆或圆中有点群、圆群充填）、交叉线段，手掌，太阳，植物，箭头，含糊不清的符号图案。

·人物：形象抽象，小，且少。

·工具：木棍、弓箭；栅栏、网；石器。

○ 岩画技法

·线条勾勒绘画：多为0.5~1 cm单线条，线条流畅；有3~8条线条组合勾绘。小动物多用细线条勾绘。

·涂绘

·凿刻

○ 岩画颜料

颜色：红（土红、褐红）、黄、黑、蓝、白色等。

红颜料：可能为红土、赤铁矿、褐铁矿；用动物血、胶、植物树脂调和作画。

○ 岩画成图

岩画画面多有内容或形式有别的重叠图案；颜色深浅不一或色调色泽不一；不少岩画有钙泥质（水中溶解的钙泥质淀积）薄膜覆盖。

显示不少岩画点、不少岩画，可能是不同时间、不同画者在同画面重复作画所致。也显示了岩画分布域人类活动的持续性，以及人类原始文化的多样性、进化性。

○ 岩画成画时代

“具有旧石器时代崖壁画动物种类及造型方法上的诸多一致性”（陈兆复）。

释 义

◆释义 ◇1 岩画

岩画是“在岩石上或岩壁上刻画的图画，也叫崖壁画、崖画”。（《当代汉语词典》，中华书局，2009）；

岩画是指在岩穴、石崖壁和岩石上磨刻和涂画的一种石刻文化，是人类以石器作工具，描绘、记录他们的生产生活内容，是古人类早期文化遗产。

摩崖是“镌刻在山崖石壁上的文字、佛像等。摩崖石刻”（《当代汉语词典》，中华书局，2009）。

◆释义 ◇2 岩画与图画文字

金沙江岩画是云南境内发现的最古老的岩画。

图画是文字源头，“最早的文字称作图画文字”，图画是“早期图画文化艺术之集大成者”。

“纳西族东巴文字属图画文字。”金沙江上游纳西族聚居地的岩画遗存是独具特色、自成体系的“纳西族美术的直接源头。”(《丽江金沙江岩画图集》和仕勇，云南出版集团公司 云南人民出版社，2011 ；“古岩画、新精彩（代序）白庚胜”）

扩展阅读

◆扩展阅读 ◇ 1 石质文化/旅游地质文化

在人类活动的地质遗迹中，除人类地质工程活动遗迹景观外，还有石质文化景观，它是人类文明中，自然/地质景观与人文景观高度融合的人类文明旅游地质景观。

石质文化景观，人类在利用地球（岩石圈）资源为人类造福的活动中，利用岩石矿物形成各种造型形体，诸如陡壁、崖洞、溶洞的绘画、雕刻、题字；或利用石材建造各类建筑物或工艺品，造就了各类具观赏价值的灿烂的石质文化、石质文明。石质文化属于地质文化范畴。这种文化往往是在一定的地质体、自然环境和社会环境中形成，具有很强的地域性、适应性和代表性。石质文化是地域特色性极强的旅游地质资源，是地质资源转化为人文资源的体现，是重要的地质文化旅游景观。

· 古人类文化遗址：显示、记载悠久灿烂的人类古文明，常有石器、石文化及与人类发展相关的丰富信息。

· 摩崖岩画：利用陡壁、悬壁、崖洞的岩壁显示、记载人类活动、崇拜文明。

· 岩棺墓葬：石棺葬、石棺墓、石室墓显示了人类以石为生命之源，回归之所的石崇拜思想。

· 石雕碑刻：石刻、摩崖题刻、碑刻、石雕等石文化遍及于人类聚集的地域，显示记载着本地区丰富而独特的文化、宗教、历史等信息。

· 石窟：选择相宜的地域环境，利用自然岩石洞穴或开凿石窟，用石雕、石刻、题刻等形式，以一定的主题造型、记载人类文明的石窟，通常都是集中体现极高文化和宗教、社会和历史价值、地域特色凸显的精湛绚丽的艺术宝库。

· 石质文物建筑：依山就石，利用岩石或天然洞穴随势打造各种石质建筑，或利用石材作原料为人居场所、城墙堡垒及宗教场所构建的石建筑物，石桥、石塔、石牌坊等，是人类利用生存环境中最为普遍、最为原始、最为经久耐用的资源，发掘地质体及岩石功能，构建人与自然的和谐统一的创举。许多典型的石质文物建筑是地域自然与人类文明特色的集中体现。

· 观赏石与赏石、藏石：人类收集收藏大自然中的奇石、怪石、巧石等自然天成的石体作为永恒艺术品；以石体的形、色、纹、质、图案等自然属性，赋予人们的感情色彩寄托、隐喻哲理，成为把石体自然属性情感化、人格化，使石之美与人性美相融合，由物质美转化为精神美，使石质艺术成为融入人们生活环境的文化内涵，成为人类文明的重要组成。

◆扩展阅读 ◇ 2　远古岩画

□　**中国岩画**

中国古岩画，北方岩画大都是磨刻、敲凿、线刻刻制的，岩画简洁、明快。南方岩画大多以赤铁矿粉调和牛血为涂料涂绘制作，红色色彩稳定。北方岩画大多表现动物、人物、狩猎及各种符号；南方岩画大多描绘动物、狩猎。

□　**贺兰山岩画**

贺兰山在古代是北方游牧民族放牧游猎、生息繁衍的地方。贺兰山遗存有 20 多处古岩画，记录了远古人类放牧、狩猎、祭祀、争战、娱舞、生殖场景。

银川贺兰口在沟谷约 600m 的岩壁上绘有千余幅岩画，画面艺术造型粗犷浑厚，题材广泛，写实性较强。大部分是在春秋战国时期凿刻和磨制的。

□　**阴山岩画**

分布内蒙古阴山山脉的阴山岩画，用敲凿和磨刻，充分体现北方游牧民族的衣、食、住、行。岩画多以写实为基础，具有浓厚的生活气息。

阴山岩画制作年代，从旧石器时代晚期、新石器时代、青铜时代至明清，时间跨度逾千年，具有明显的多时代性。

□　**花山岩画**

花山岩画位于广西左江流域宁明明江河畔断岩山，高 270m，南北长 350m 的临江陡峭岩壁，遗存有规模宏大的战国至东汉时期壮族先民绘制的赭红色涂绘类岩画。

岩画以赤铁矿和动物胶、血混合调制的颜料绘制，呈红色。在宽约 200m、高约 40m 的范围内，可数的图像大约有 1800 个，可分 110 组图像。岩画以人像为主体，勾绘内容多样的社会生活场景。

花山岩画大多采用色块平涂，形成“剪影”般的艺术效果。花山岩画整体规模宏大、单体气势雄伟、个体体形硕大，画面气势雄阔，是国内外规模最大的古岩画之一。

宁明花山岩画，据 C^{14} 年代测定，其年代距今约 1680~4200 年之久。

花山岩画列为全国重点文物保护单位，为国家级风景名胜区。

石刻碑雕

·以石为材的刻雕

纪 实

丽江以石为材料的古石刻石碑石雕重要的有：芝山摩崖石刻、玉柱擎天摩崖、唐吐蕃碑、大功大胜克捷记碣碑、木氏历代宗谱碑、指云寺摩崖造像（图 4-5）。现代红砂岩浮雕亦具地域特色。

图 4-5 丽江摩崖碑塔遗迹

◆纪实 ◇1 丽江摩崖碑塔遗迹

□ **摩崖石刻**

○ 芝山摩崖诗刻

丽江白沙乡岩脚村西山崖壁上，刻七律诗一首，宽 40cm，高 33cm，楷书阴刻，呈现方形排列。系明代嘉靖十三年（1534 年）三月十二日，木氏土司三十八代孙木高题书。

诗为："木氏渊源越汉来，先王百代祖为魁。金江不断流千古，雪岳尊崇接上台。官拜五朝扶圣主，世居三间守规恢。扫苔梵墨分明见，七岁能文非等才。"

○ 玉柱擎天摩崖

丽江城北玉龙村西的玉龙雪山侧，摩崖高约 30m。上竖刻"玉柱擎天"四字，骨力雄健，字为行楷阴刻，字径约 80cm 见方。系清雍正二年（1724 年）第一任丽江知府流官杨馝题书。摩崖后有"雍正甲辰春丽郡守襄平杨馝题跋"一行。

□ **石碑**

○ 唐吐蕃碑

丽江城西北石鼓镇格子唐吐蕃碑，碑质为层岩石，高 206cm，宽 84cm，厚 8cm。碑上阴刻人物、动物及吉祥图案。造型古朴，线条简练，富有生活情趣。碑中间刻有五行藏文，内容为唐中期（约 779 年）吐蕃王南征占领丽江、大理地区，地方土酋臣服，吐蕃赞普王授予金字告身。

○ 大功大胜克捷记碣碑

丽江石鼓镇北金沙江岸，《大功大胜克捷记》碣碑，碣分身座两部分，汉白玉质地，腹径宽 170cm，高 250cm，厚 16cm，呈鼓状，故俗称"石鼓"。明嘉靖十七年（1548 年）、四十年（1561 年）。正、背两面分别刻《太平歌》、《西江月》、《右调醉太平》、《醉太平》、《破虏歌》词及《大功大胜克捷记》文。

○ 木氏历代宗谱碑

现收于丽江黑龙潭象山脚下碑林，清道光二十二年（1842 年）立，大理石质地，高 165 cm，宽 72cm，厚 15cm，碑额篆刻"木氏历代宗谱"六字，起首有借汉文读音录写的古纳西语诗句。正中楷书一行"玉龙山皇脚阳伯那木氏壹世祖秋阳正妻弥均习鼠唐初改为昆明属凹州高宗上元中为三甸总军管"。两边分列木氏祖先自秋阳始四十代名字、正室名姓、官衔及政绩等。至二十世木得，因明朱元璋赐姓木，始以木姓为姓。碑后款识为"木氏四十代、四十一代孙木载阳，木斐同立"。此碑对研究纳西族木氏土司及地方史有重要价值。

□ **指云寺摩崖造像**

丽江城西指云寺左前方石笋中摩崖造像，单线浅雕，高 36cm，趺坐，头后雕光图，造型精巧，线条简洁。

◆纪实 ◇2 玉柱擎天摩岩

○ 摩崖·"玉柱擎天"

玉柱擎天摩崖位于丽江的玉龙雪山南麓玉龙村（玉湖村）西，摩崖在高约 30m 的岩石峭壁上（图 4-6）。竖刻行楷阴刻"玉柱擎天"四字，每字约 80cm 见方。系清雍正二年（1724年）第一任丽江知府流官杨馝题书；其左下横刻“玉壁金川”四字，是丽江郡丞聂瑞于1725年所题。摩崖后有“雍正甲辰春丽郡守襄平杨馝题跋”一行。

图4-6 玉柱擎天摩崖

摩崖石刻是与丽江“改土归流”重要历史事件有关的文物古迹。

○ 景区·玉柱擎天风景区

以玉柱擎天海拔2800m左右的“玉柱擎天”摩崖为品牌，由周边的雪山，摩崖石刻、玉湖，玉湖村，纳西族殉情圣地，玉龙书院、美籍奥地利学者洛克旧居等自然和人文景观组合成摩崖风景区。是明代以来历代土司休闲避暑的夏宫所在地，是吟诗读书和当地文人逸士聚会的场所，是流传久远的《玉龙第三国》圣地。

○ 玉湖倒影·玉龙雪山十二影之首

过去的玉湖湖水清澈，蓝天白云、玉龙雪山主峰扇子陡倒影湖中，湖光山色，“玉湖倒影”为玉龙雪山十二影之首。

○ 壁画长卷·《巫鲁肯纪事》

逸仙楼中有《巫鲁肯纪事》壁画长卷。“巫鲁肯”系纳西语，意为“雪山脚下”，是玉龙山下第一村——白沙玉湖村。

《巫鲁肯纪事》系纳西族画家、巫鲁肯人赵有恒近期所作。壁画长卷含攀登、玉柱擎天、家园、神山、古猎、农耕、秘境、童趣、茶马古道等9幅。画高2m，横长26m，以质朴的线条、多姿的色彩展示了古纳西先民与自然和谐共处的传统美德。

◆纪实 ◇ 3 红砂岩浮雕

红砂岩浮雕图案庄重、大方、醒目。如现代新大街口玉龙桥畔古城世界遗产标志/浮雕壁，双石花园《丽江古城盛世图》高9m、长55m的大型浮雕，传承了丽江地域文化特色（图4-7、图4-8）。

图 4-7　古城世界文化遗产标志

图 4-8　《丽江古城盛世图》大型浮雕（局部）

石质建造
·以石为材的建造

纪 实

◆纪实 ◇ 1 石拱桥

丽江古城街巷依山傍水，建造了众多的桥。桥密度 93 座/km^2，古城可称为桥之城。从桥的跨度和实用性来看，有石拱桥、石板桥、木板桥、廊桥。

丽江石文化普遍存在于民间，与人们生产生活密切相关的有就地取材制作的石桥、石磨、石碾、石碓、石臼等。

丽江石拱桥是最具地域代表性的石文化。可分为两类：一是大研古镇中跨河沿路星罗棋布的大小 300 余座石桥，其中有 10 余座石拱桥；二是散布在丽江古城邻近交通要道上的石拱桥（图 4-9）。

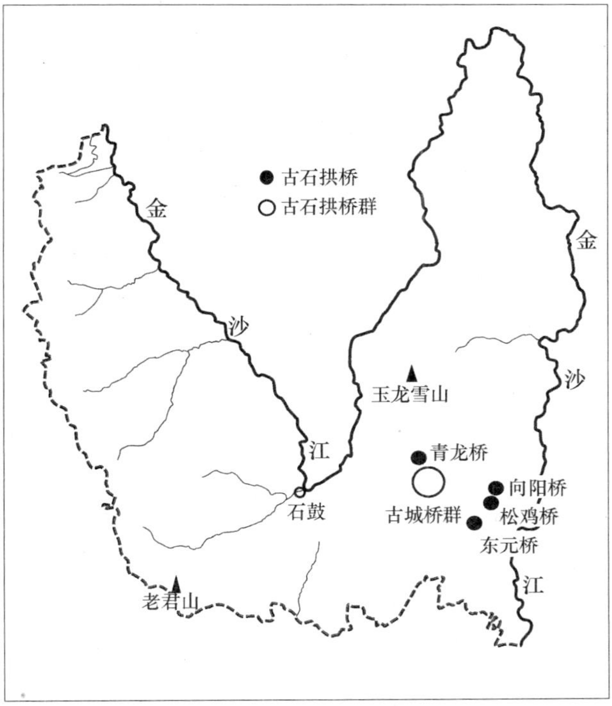

图 4-9 丽江古石拱桥分布图

□ 古城石拱桥群

丽江石拱桥大多与古城的发展需求同步兴建，明代始建。石拱桥具有明清两代建筑风格（图 4-10）。

古城石拱桥密度大，类型多。跨度较大和坚固的石拱桥跨于中河交通干道和主街巷之上。桥面多用五花石，且桥面拱度不大，与街巷的五花石连为一体，便于行走。双孔桥有大石桥；单孔桥有玉带桥、万子桥、卖鸭蛋桥、卖鸡碗豆桥、百岁坊桥、南

图 4-10　古城石拱桥

门桥、小石桥。石拱桥名称多有寓意，如大石桥因在河水中可观看到玉龙雪山的倒影，故又称“雪映桥”；万子桥因桥面和桥栏中用了密集管状多孔的金山石，寓意万子而得名。鸡碗豆是丽江特色名食豌豆粉的原料，鸡碗豆交易地点的桥，称作卖鸡碗豆桥。

大石桥：玉泉中河上，始建于明代，桥长 10.6m，宽 3.8m，高约 2.2m。石材为五花石。

百岁坊桥：玉泉中河上，始建于明代木桥，清代改石桥。桥长 4.5m，宽 4m，约 1.8m。

万子桥：玉泉中河上，始建于明代。桥长 9m，宽 4.2m，高约 3.4m。

玉带桥：黑龙潭中，始建于光绪年间，始为五孔桥。桥长 22.4m，宽 5m，高约 2.4m。洁白大理石，两侧石护栏望柱有圆雕。

古城近邻坝区遗存石拱桥：主要跨于丽江坝区的主水系干流上。有束河的青龙桥；金山的向日桥、松鸡桥、东元桥（图 4-11）。

青龙桥：青龙河上，建于明代，大石板护栏，两端有龙头纹石雕。桥长 25m，宽 4.5m，高约 4m。

a 束河青龙桥

b 金山漾弓江东元桥

c 金山松鸡桥

d 金山向日桥

图 4-11 古城近邻坝区遗存石拱桥

松鸡桥：东沙河上，桥名碑碑高 150cm，宽 60cm。碑心大字刻“松鸡桥”；两侧小字记述建桥缘由及过程。功德碑碑头大字刻“永垂不朽”；碑文为捐款人及数额。

◆纪实 ◇ 2 丽江古城石质建造

□ 丽江古城石文化

丽江古城充满石质文化，记录及显示古城人类活动形迹地质文化，丽江人已熟知各类岩石的石质属性，能巧妙地利用合适的石材创建地域特色的石文化。

· 用丽江地域特色的五花石铺就的石板路街巷道路；
· 跨越水系、连接街巷的石桥群；
· 五花石石板铺就的四方街；
· 沿古城水系的石河堤、石街巷；
· 精美的石牌坊；
· 条石镶嵌的三眼井；
· 庭院、门楼的石雕、石刻；
· 茶马古道石板路驿站。

□ **丽江古城岩类石文化**

丽江人很早就能利用不同岩类作石材，体现具有特色的岩类文化功能。

五花石铺就街巷，耐磨性好，且不产生灰尘；总体略偏浅红暖色；经磨砺后光滑锃亮，显露久远古老的古城氛围。现今的锃亮的五花色街巷成为古城的特色标志（图 4-12）。

图 4-12　古城四方街与街巷的五花石文化

○ 五花石铺垫街巷

五花石广泛用于铺垫路面成条石路。

·用地域特有的石材——五花石（丽江底砾岩）铺就街道、被马蹄踩踏光滑的“茶马古道”古驿站路面是古城的一大特色景观。

·水-街-巷融为一体，石桥、石条路、石台阶、石脚、石牌坊，是古城处处可见的石文化。

·四方街是古城形似方形的中心广场，占地约6亩（1亩≈666.7m²）。明代始建，是茶马古道的集镇枢纽，物流集散地，商品交易场所。

五花石条石铺就的四方街与周边6条五彩花石街巷相连，与街巷、村寨、田野四通八达。

四方街由西向东微微倾斜，四周设有排水暗沟，西边河道设有水闸。傍晚收市后，水闸放水冲洗集市残留灰尘污物，踩磨光亮的五花条石四方街街面总是清洁干净。

○ 大理石/汉白玉建筑

大理石/汉白玉制作石牌坊（图4-13），黑龙潭五孔桥、廊桥，高雅、洁净、醒目。

图4-13 石牌坊

◆纪实 ◇ 3 砌石民居

用本地域的天然石块砌建房舍，与自然和谐，与生态地质环境融为一体（图4-14）。

用多孔的金山石作石桥的石材，取名万子桥，情趣寓意相融。

图4-14 玉湖村落石砌民居

释 义

◆释义 ◇ 石文化

地质景观文化中，“石”作为地球表层、人类生存环境中的物质/景观，衍生了大量的由石而生的石文化。从古人类的石器文化开始，石文化就成为人类文明的重要组成部分。石文化中有历经人工雕琢加工的璀璨的、珠光闪烁的宝玉石；有彩石；有更多更普遍的自然营力杰作的奇石、观赏石；有记载人类文明的石器、石刻、石窟、石雕、摩崖石刻，人类以石为原材料的石房石屋、石桥、石碉等建筑；有利用岩石或石质地质景观，经人类地质工程活动，造就并记载人类文明的石文化。它们是利用“石”赋予人类心灵美感、寄托心灵情操意念文化的结晶，是人类文明淀积的重要标记。

扩展阅读

◆扩展阅读 ◇ 丽江古名桥

铁虹桥：位于石鼓金沙江冲江河近河口。铁索桥（铁链桥），底链 14 根，护链 2 根，面铺木板。始建于光绪十三年（1887 年），桥总长 54. 5m，净跨 32m，宽 3. 2m，高出河面 3~4m。两头建牌楼式桥亭。

金龙桥：又称梓里桥，位于金安跨金沙江，铁索桥（铁链桥），始建于光绪五年（1879 年），桥总长 116m，净跨 94m，宽 3. 5m，高出江面 50 m。两头以基岩为基，底链 14 根，护链 4 根。

石头城
·依石就石古村落

宝山石头城位于长江第一湾（石鼓湾）金沙江向北流，至三江口又向南流的（玉龙湾）金沙江深切割峡谷西岸，其主干支流冲江河近东西向转北东向锐角入金沙江的入江口。

冲江河源自玉龙湾南北向分水岭百花山（海拔4376m）东麓，流域长数千米，其北近邻的东西向山脊太子关（海拔3504m）；金沙江东岸阿子山（海拔3727m）。位于高山深谷间的宝山石头城山体海拔约1800m，与金沙江江面高差约300m，是险峻峡谷间的陡峭小孤山。

纪 实

◆纪实 ◇ 1　墩台状残山

宝山石头城所在的侵蚀残山，主体呈墩台状、桌状，四周悬崖峭壁。残山主体下部呈截锥状，上部呈稍向东倾斜的桌状，置于截锥上，总体为锥-桌二元结构的墩台状残山。残山顶部南北略长、东西略短，大体呈200m×250m的桌状，面积约0.05km^2。除南西端呈低凹的山丫口与近东西延伸的克灵山相连外，残山四周悬崖峭壁。上部主体地层岩石为裸露的宝山砾岩，除道路及路边狭窄空地外，几乎全部为房舍所覆盖（图4-15）。

图4-15　金沙江岸墩台状残山

◆纪实 ◇ 2 丽江宝山砾岩

石头城展布的金沙江西岸冲江河下游在四周高山间似盆地状洼地呈略向东倾斜的宝山斜坡台地（又称革囊坡），有一套平缓的碳酸盐为主体的角砾岩。随着地壳脉动式抬升，冲江河下切，沿河谷形成河流相冲积洪积堆积物的同时，冲江河两侧形成多级阶地，砾岩层呈连续悬壁及崩塌体、崩石。宝山石头城所在的小孤山，即为靠斜坡台地南东部侵蚀残余的宝山砾岩残山（图 4-16）。

宝山石头城的宝山砾岩主体为灰色致密块状类沉积角砾岩。其总体呈层状产出，由碳酸盐成分的角砾和角砾间的胶结物组成。碳酸盐类角砾以灰色灰岩为主。角砾大小悬殊，大的数厘米至十余厘米；小的仅几毫米；角砾棱角状、半棱角状、浑圆状并存，部分排列呈撕裂状；岩石中角砾多超过 80%。胶结物以钙质为主，有少量泥质。

除致密块状类沉积角砾岩外，在残山南部还分布有崩塌角砾岩。其岩类复杂，以白云质碳酸盐为主，还有灰岩砾块及其他岩石砾块/角砾；砾块/角砾相差极大，砾块、角砾、碎斑、泥沙杂乱无章，无序堆积；胶结物钙泥质。

除了类沉积角砾岩、崩塌角砾岩外，还有局部的构造角砾岩。主要为沿断裂分布的碎裂岩化、碎斑岩化构造岩。

宝山石头城坐落的残山岩溶发育，地表呈现大小疏密不一的岩溶溶槽溶沟，孔洞和岩溶管道。居民就势利用岩溶孔洞槽沟（图 4-16）。

图 4-16 裸露于地表的岩溶管道

在宝山石头城该套地层岩石创造了宝山石头城石文化，在紧邻的太子关该套地层岩石的悬壁上遗存有石器时代的古老岩画。鉴于宝山石头城及其邻近该套地层岩石的特殊性，产出地域的局限性，岩石在该特定地域形成独特的、特定的地质地貌景观和人文景观。因此，该套砾岩系命名为丽江宝山砾岩。

◆纪实 ◇ 3 城堡状古村落

被誉为“城”之宝山石头城，具有石头、城堡、险峻的特点（图 4-17）。

图 4-17 金沙江岸墩台状残山上村落与城堡

· 石头之古村落：宝山石头城纳西语称“剌宝鲁盘窝”，“剌宝”即宝山，意为“宝山白石寨”，即没有泥土的白色石头村寨。居民随岩依石建房、凿石修路，砌石作墙，取石造石房、石桌，石凳、石床、石缸、石灶等石家具，舂米的石臼、石碓，喂猪的石槽，皆为凿石而成。真正是石头的村寨。

· 天险之古村落：与紧邻金沙江峡谷的宝山石头城四面悬崖绝壁，仅有南面颈缩状山丫口的南门和东面的东门崎岖小路可与外部相通。地势险要，可谓天然的天险之域。

· 设防之古村落：居民在天险之域的边部垒砌了石墙，在南西部高地修建了烽火台和炮楼，就岩溶管道设置地下暗道，将石城构建成天险加设防布局的防御体系。

·古老之古村落：宝山石头城隶属宝山乡。元初即有建制，古曾立宝山州、剌宝乡。宝山石头城建于宋末元初。宋理宗淳祐十二年（公元1252年），元太祖成吉思汗遣太子忽必烈率军南征大理国。元宪宗三年（公元1253年），元世祖忽必烈以革囊渡金沙江，纳西族酋长阿琮阿良到石头城附近迎降。可见，宝山石头城是具有古老历史的纳西族繁衍之地。

·城堡式古村落：被誉为石头之城、设防之城、古老之城的宝山石头城，现今分为内城和外城。内城具城堡特点，为悬崖峭壁围绕的“石头城”；外城在内城已满负荷后，向山丫口之南克灵山山麓不断扩展的石头城；内城、外城居民现皆有百余户。据有限的资料，石头城的建筑格局缺少类似丽江古城商贸、商铺、驿站的基本点，缺少相应的手工业、商业、地域中物资交易集市的基本点，狭小的空间、闭塞的环境，也缺少作为地域政治经济中心的城镇功能。宝山石头城据山寨周边自然环境，开辟了梯田，从事农业生产，构建了山村特点的经济、生活体系。也是依据生态地质环境，为维护村民生存，免于战乱动荡中遭受战乱之苦难，构建了具有对外防御功能的自我保护生存条件。因此，宝山石头城实质上是高山峡谷间、封闭条件下依石而建，与生态地质环境和谐而存，已延续近800年的城堡式古村落。

◆纪实 ◇ 4　随岩依石的村落宅居

石头城生存空间的有限性，地基裸露岩石的岩溶复杂性，山民充分利用岩溶残山坎坷不平的地质地貌特点，造就了以石为主题的石文化。

·就岩凿石的宅居：房舍、道路均随岩依石而建，乃至住房中的桌，凳、床、灶等皆为依势凿石而成石具石器。山体有许多坚硬难平、岩溶坎坷的石芽石沟，建房中充分利用石芽石沟，将房舍墙壁的石脚就势堆砌于石芽上，使建于斜坡上的房屋因石芽的防滑桩功能而使房屋安稳。

·错落有致的房屋：顺应地势，择地建房，总体房舍呈北西稍高、南东稍低、房舍间保持通畅的街巷格局、错落有致的景观。

·庭院式结构：居家房舍多填低就高，尽量构建成地域民族风格的“四合一天井，三坊一照壁”庭院式结构民居。斜坡上的庭院，充分利用地势，下方建一层一间，向上扩成两层两间，再上成三层三间，类似三角形与方形积木式组合阶梯状房舍。

·依势修凿的路径：地形多变，岩石坚硬，房舍间的路径狭窄不平，几乎顺势就地凿石而成路径。凿石而成的台阶、阶梯式路径到处可见（图4-18）。

图4-18　依势就石修凿的台阶、阶梯式路径

·择优而居的布局：从石头城整个山体而言，中东部山体主体为碳酸盐类致密整体砾岩石体，而西南端为崩塌角砾岩，裂缝醒目，且侵蚀孤峰、悬块、危岩众多。残山中东部山体主体、致密整体砾岩石体集中密布了民居；残山西南部险峻崩塌角砾岩是残山地表最为平缓开阔的台地地段，尽管石头城土地极为金贵，但并不用作村落房舍地基，而是作为炮楼、烽火台（布局防御工事）的用地和休闲之地。充分显示了居民因地制宜，择优而居，人地和谐的理念。

石头城空间有限，庭院、房舍、道路都是对大地利用的最优化组合排布。主要通道石路面，经数百年人畜踩踏磨砺，许多路段光滑锃亮。角砾岩花纹图案隐喻着沧桑岁月的艰辛；陡坡急弯路面上马帮踩踏的轨迹，使原有的岩溶凹坑加上马蹄铁掌的踩磨，印下了深深的马蹄印，隐喻了大地对人们无私的奉献和人类生存的坎坷历程。

◆纪实 ◇ 5　围村就势的层带梯田

尽管宝山石头城择地于陡峭的残山之上弹丸之地，但生存能力顽强、勤劳、智慧的居民充分利用有限的土地，在金沙江峡谷陡峭的岸壁上，环绕村落用石块垒砌修建了狭窄带状的层层梯田，创造了独特的由暗渠、水口组合，方便用水的灌溉网络（图 4-19）。

图 4-19　残山周边围城就势的层带梯田

◆纪实 ◇ 6 久远的璀璨石文化

宝山石头城的先民不仅以顽强的毅力、聪明的才智、久远的历程，创造了人类尊重自然、依托自然、利用自然，与生态地质环境和谐的、独特的“人地合一”的地域地质文化，而且也孕育和保存了宝山石头城的浓郁、纯朴民族文化。

宝山石头城邻近地域还保留了远古时代人类繁衍划时代史诗般的金沙江岩画；保留了经历中华民族发展里程碑意义的革囊渡江诗篇遗址。

宝山石头城璀璨的地质/石质文化，将与金沙江岩画、革囊渡江史诗作为地域文化遗产而使后人得到智慧的启迪，增强民族自豪感。

释 义

◆释义 ◇ 中国传统村落·古村落

·中国传统村落，原称古村落，指民国以前建村。经历久远年代，至今仍保留了较大的历史沿革，建筑环境、建筑风貌、村落选址未有大的变动，具有独特民俗民风。传统村落中蕴藏着丰富的历史信息和文化景观，是中国农耕文明留下的最大遗产，有突出文明价值及传承的意义。

·中国传统村落丽江村落名录（至2016年）。

○ 丽江市古城区

金山乡贵峰村、漾西村、启良村；束河街道龙泉村、忠信村、普济村；七河乡城/镇西关村、金安村、新民下村、南溪村、东关村、中排村、新民上村；文化街道向阳村；金安镇五坝里村；古城区九子海村；大东乡大东行政村。

○ 丽江市玉龙县

白沙乡/镇白沙村、玉湖村；拉市镇丰乐村、南尧村、梅子村、余乐村、打渔村、美泉村；黄山镇文华中村、吉来村、夏禾下束河村；石鼓镇海螺村、竹园村、石支村；大具乡营盘村；龙蟠乡土官村、宏文村；巨甸镇拉市坝村；宝山乡石头城村、龙华村、吾木村；石头乡桃园村；塔城乡拉市落村。

扩展阅读

◆扩展阅读 ◇ 石房石砌古石村落

○ 浙江宁波宁海许家山石头村

许家山石头村位于宁海县，民居用当地特有的青铜色“铜板石”作墙体石材，构筑石屋。石屋组成石院落，连同石路、石桥构成石村落。

许家山古村落始于明洪武年间，已有700多年的历史。许家山遗存有古石屋风貌的三合院四合古石民居建筑群。许家山石头村2010年被评为“中国历史文化名村”。

○ 河南南阳市吴垭石头村

吴垭石头村依山势而建，分层筑台建房，根据地形和建房的需要，充分利用地势，甚至利用陡峭的崖壁作后墙。

石屋用青石（灰岩白云岩）作石材，墙体用毛石块垒砌，或用加工的石片石砖砌筑；屋面有的用片石上下搭接叠压。以石板为石材构建的石院落、石板路、石板桥，用石制作的石盆、石槽、石桌、石凳、石臼石器，构成石屋石村落。

吴垭石头村始建于清乾隆八年（公元1743年），已有200多年的历史。吴垭石头村2006年被命名为“河南省文物保护单位”，先后被评为“河南省民间文化遗产”、“中国景观村落”。

○ 河北井陉县井陉石头村

石头村已有500余年历史，现有400余户人家，95%村民为于姓。用石材建石屋、石院落、石路，石井窖池、石器，构成六街七巷十八胡同的石古村落；还有石梯田、石碑碣。

村中始建于嘉靖年间的真武庙为砖石结构，遗存有一块记载于家村建村的石碑。

○ 贵州镇宁安顺布依族石板房

贵州的镇宁、安顺布依族聚居地区，就地取材，利用薄层至中厚层状岩石作石材，建造具地域民族特色的石板房。

石板房以条石块石砌墙，以石板石片作楼板，盖房顶，用石板铺地；用大块石板制作水缸，甚至用石头凿成桌、凳、灶、钵等石器。

布依族民居多为不用粘合材料石砌的干栏式或半边楼式石板楼房，石墙可垒至5~6m高，石板片墙体多显自然淳朴风貌。悬山式石板房，屋面为双坡排水。用厚度为2cm左右的石片高低错位叠压，铺成鳞片状屋面，利于排水，适用美观。

东沙河
·古水利工程遗存

纪 实

◆纪实 ◇ 东沙河与古水利工程遗存文化

□ 东沙河自然与人文的双重属性

东沙河发源于金山盆地北东部的侵蚀山地，溯源东沙河形成，早期为侵蚀型河流，随着山地的夷平，渐渐转化为以泥沙为主的退缩型间歇性稀性泥石流型河流，东沙河沿岸多形成洪积冲积沙地。东沙河源区有众多泉群地下水溢流，使东沙河有常年流水；季节性天水引起东沙河的洪流。

近代历史上的东沙河，每年汛期，山洪暴发，河堤常被冲蚀，甚至发生决堤、泥沙压覆河岸农田的泥石流灾害。

沿河农民在长期与水害的斗争中，传承了一整套趋于完整的柳堤护岸、汛期巡堤，山洪暴发时民众共同防洪抗灾，即时堵塞堤漏、拦填溃堤的民族团结精神和防洪治灾措施，确保了东沙河得以世代延续，避免了洪水肆虐，祸害金山民众。

现今东沙河古代水利工程遗存的地上河河段，充分体现了人与自然和谐发展的过程中，民族凝聚力的坚定性、珍贵性，体现了金山民众与自然抗争，不断改善人居环境的崇高民族精神，东沙河谱写了一部金山民众农耕文化的史诗，金山民族凝聚力的光辉篇章。同时，这一段高出地面的东沙河段柳堤，又是邻近金山居民放牧、休闲的场所，是白族男女对歌、凝练白族文化的场地。

东沙河既是自然河流，又是金山白族民众淀积的创业文化象征，是自然与人文融合的金山白族文化。

水流下切，河谷加深，河床低于地面是地壳上升地域的普遍特征，也是常态河流特征。金山第四系盆地中的东沙河却在流经盆地中间低洼地段，河床高出地面数米，河堤频频溃决却能完好遗存下来，这就是农金山白族民众垦殖农业、艰辛创业时期的创业文化的印证。

除雨季天水外，东沙河源头有一些泉水地下水溢流汇集，东沙河除雨季河水涨落外，保持有长流水。东沙河上段略低于地面或大致与地面齐平，既有排泄低地洼地积水功能，也有灌溉作用。东沙河中下段河床高于地面，有灌溉两侧田地的功能。东沙河提供了金山农业生产、农田耕作的水环境，有水资源保障作用。

然而，东沙河的季节性河流的特点，暴雨洪水突发，乃至地上河段河道溃堤，河沙压覆农田、危害生命财产的灾害时有发生。东沙河的河道维护，防洪抗灾，清除泥沙压覆的农田已成为东沙河沿河民众创业和农耕的重大症结。

防洪抗灾、灌溉农田的东沙河古代水利工程遗存，是金山白族民众抗御自然灾害、维护人与自然和谐发展生存环境的典型创业文化和农耕文化。

□ 东沙河古代水利工程标志

东沙河是纵贯金山盆地的漾弓江支流，东沙河从河源到下段的高差为20~30m。上段河堤基本与河流两侧地面一致，河床仅深约2~3m，略低于地面，代表了金山盆地形成后地壳上升，河流下切的正常状况。东沙河中段和下段的东侧和西侧分别为南北向与东沙河并排的相对低洼地带；东沙河成为河流东西两侧低洼地带间的脊状“分水岭”。东沙河的中段呈现河床高于地面的地上河、悬河的典型特征，代表了东沙河的异常状况，是古代水利工程遗存的依据/标志。

东沙河的中段干流高出地面3~5m，呈高于盆地的悬河河段景观，是跨越盆地洼地、沟通盆地洼地两侧的引洪防灾引灌河渠；河堤柳林护堤，水路合一是金山先民在生态环境变迁中防洪治灾及人与自然和谐发展的理念，是水利交通耦合的水路合一的模式。迄今，东沙河仍承袭着水利及交通功能。东沙河古代水利工程遗存既是金山地域农耕文化的载体，也是金山民众与自然环境争斗、构建美好生存环境的民族精神的文化载体。

○ 东沙河非自然水渠标志

东沙河为丽江盆地漾弓江的一级主干支流，是金山盆地的骨干河流，是洪峰期溃堤频繁的河流。但有史以来河流依旧，标志了人工维护河流的特点。

· 河流从上游到下游，跨流地域的低地洼地长5km，高于地面3~5m，悬河沙堤却自成一体，挺立不毁，非人工修建维护莫属。

· 用地质外动力营力外生地质营力水系的发展规律，难以解释东沙河堤的形成和稳定性；使泥石流型沙堤累累溃堤却得以长久稳定，只能是丽江先民的智慧和创业精神。

· 沿河堤柳树成带，老树挺立，树根护堤，属人工栽种。

· 护堤堵溃堤沿河成排木桩、柳排，是先人治理溃堤，保护房舍村寨、农田的创举，为人类活动遗存。

· 河堤两侧沙坡为溃堤河沙堆积。

· 东沙河堤不仅是金山居民交通要道，而且是民歌对唱、文化游乐场所。

· 东沙河水利工程的始起时间应源于盆地湖沼成地、河床再次下切的时期。

○ 东沙河防洪护堤

· 堤岸植树护堤以柳树为主间杂灌木，辅以种植草坪。

堤岸柳树树龄与村落中河堤柳树大体同龄，多苍老红柳根系发育，盘根错节，固结沙土，维系河堤。说明东沙河河堤和村落水系河堤的护河意识同出于金山白族农耕文化和村落生态文化，同出于金山白族创业时期。

·当洪水漫堤出现溃堤时，就地采自堤岸较直、宜作木桩的柳枝作树桩，较细多枝叶的树枝编成柳排作护栏，有时再配放草席等拦洪水，在内侧填泥沙，或以草坪垒叠堵溃堵漏。

·村落与东沙河河堤护堤树以红柳树为主，红柳树枝叶茂盛，多弯叉盘结，且其韧性优于白柳。红柳柳枝多发杈，两河岸主干树枝可在河上交织在一起，提供了防洪治害的就地材料。

·金山白族村落的生态观中注重水土保护。东沙河的地上河段邻近村落更甚，常常在河堤、河边、田埂、房舍坡岸植树，以树木根系、草坪保护水土。类似树木，除修枝外，均不轻易砍伐，以保护水土，维护生态平衡。

·当河堤出现被洪水冲刷侵蚀，会导致溃堤危险时，就及时防治、修复，防患于未然。

·群策群力，防洪护堤体现了东沙河地上河段附近居民的民众凝聚力。每逢东沙河源头汇水域洪水成灾之际，都会邀约上河堤巡逻河堤危险河段，自备锄头、斧子、锤子、木桩等防洪修堤用具，发生险情时，参与人员便齐心协力，防治溃堤之灾，修补决口。东沙河河沿有田地的村落靠近河岸，直接受溃堤威胁，更是义不容辞。

·当溃堤河沙压覆农田时，尽快地清除河沙，修复农田。

释 义

◆释义 ◇ 东沙河白族文化走廊

历史上的东沙河河堤地上河段曾多发洪蚀、冲蚀、溃堤，白族先辈不畏艰险，防洪、护堤、修复，不断疏通河道，加固河堤，才使地上河段得以安然延续，东沙河成为沿河民众赖以生存的重要自然环境条件和水资源。

东沙河河堤不断加高加固，河堤种植柳树，堤坡种植草坪灌木。逐年的淀积，把河堤加高加宽修成了柳林大道，形成了水利、交通功能兼优，凝聚金山白族民族精神、抗御自然灾害、建设家园的创业文化、农耕文化的自然人文复合景观。

东沙河古水利工程体现了金山白族民众以优化生态治理生态环境变异，以优化生态寻求人地和谐、天地人合一的原生态理念和举措。

近五六十年，随着金山白族地区社会经济进步，东沙河源头兴建了团山水库，东沙河河道不断疏通，河堤不断加固，东沙河的水害隐患得到彻底根治。近十年来，东沙河地上河段许多地段河堤内堤用水泥砌石夯实，堤面修成水泥路面，畅通了沿河交通。东沙河成为河道、大道，具有灌溉、交通双功能的东沙河。

东沙河记载了金山白族创业精神，凝聚了金山白族创业文化：

◇ 有史料可查的东沙河主要洪涝危害：

据丽江县县志记载：1929 年（民国 17 年），东元里田亩被漾弓江水淹没；1987 年 7 月 23 日，冲垮东沙河埂 700m。

主要受灾村落：西河坡、寸家登、江东子及杨家登、南登址部分农田。

◇ 东沙河的治理：

· 定期清理泥沙，建筑材料；疏通河道；

· 种柳树护堤，既获薪材，又利放牧纳凉，加固河堤；

· 河堤大道共用，加固河堤，便利交通；

· 治理两旁的涝地和沙地，改沙地为良田。

◇ 东沙河的变迁：

· 上游植被保护复垦；

· 水库建设；

· 上游水资源分流；

· 局部再现柳树柳堤形迹；

· “地上河”天然性与人为性复合。

◇ 白族文化走廊：

· 石拱桥、石文化、水文化；

· 农田水利工程：灌溉、防洪抗灾；

· 古农田水利工程遗址：中游地上河段；

· 交通：沿线村落间、田间，石桥、东西坝区之间通畅；

· 休闲娱乐：柳堤约会、对歌，儿童玩耍，纳凉休憩；

· 沿河白族农家庭院村落景观；

· 沿河原野农耕景观。

东沙河的地上河遗存不仅仍然彰显着金山白族民众创业文化，而且成为金山白族文化走廊。

关　隘
·不用城墙的古城门户

纪　实

◆纪实 ◇ 丽江古城门户

久远的丽江古城是历史文化名城，是没有城墙的古城。

丽江古城周边有对丽江起门户作用的天然古关隘。重要的有南部的邱塘关，南西部的九河关，北部的石门关，北西部的塔城关，北东部的太子关。称“丽江五关隘”（图4-20）。其中，以南部七河邱塘关的古门户功能为典型。

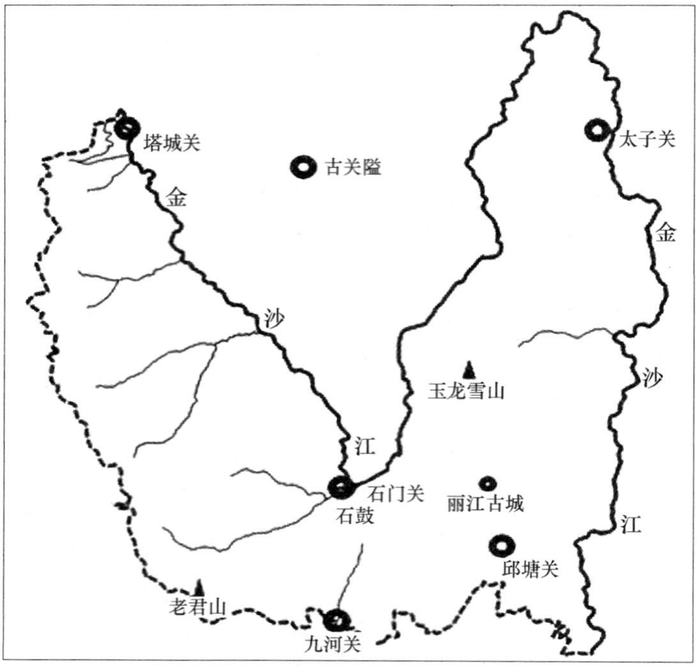

图 4-20　丽江古城天然古关隘

◆纪实 ◇ 1 邱塘关 · 丽江的锁钥

□ 邱塘关

邱塘关位于丽江古城金山坝南侧与断落下降到七河坝（即丽江坝南延下降到鹤庆坝）的山麓陡坡，丽江盆地的河流漾弓江在台阶状陡坡部位下切成瀑布状峡谷，地势险要。

邱塘关被称为丽江的“第一钥匙”。丽江五古关隘之一，是丽江通往大理昆明“官道”的关口要隘。邱塘关遗存有茶马古道、古关隘及古驿道、古邮驿道遗址遗迹（图4-21～图4-23）。

图4-21　观音峡及观音峡旅游地质景观

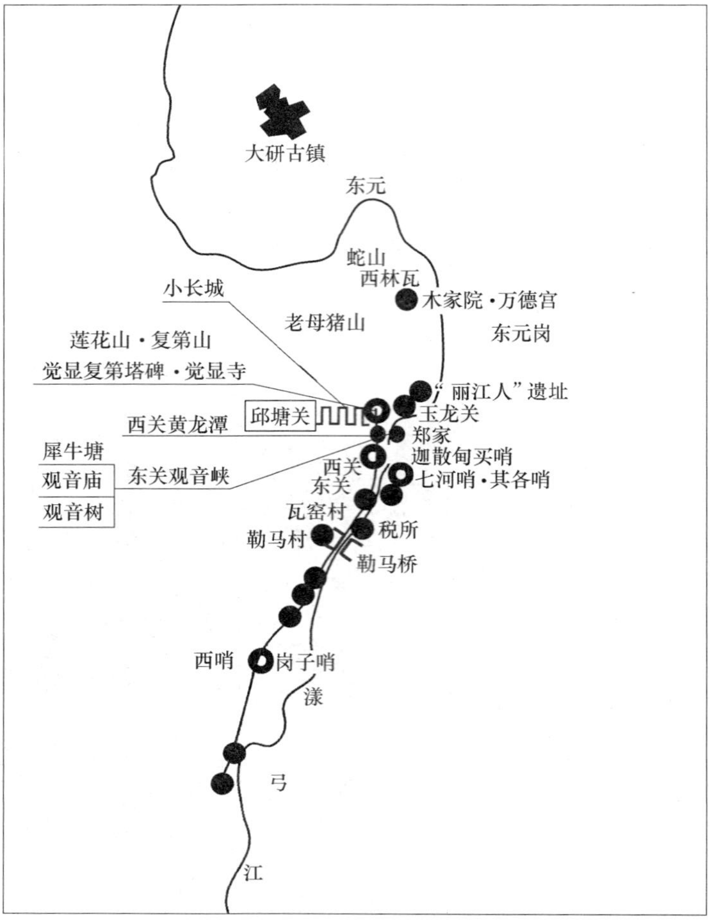

图 4-22　邱塘关古关隘及关口要隘遗迹

□　邱塘关旅游地质景观

·邱塘关/关坡：丽江金山坝南侧与鹤庆坝的莲花山麓陡坡（又称关坡）连接，鹤庆通丽江的行道关口。

·阶梯状断层崖：陡直的东西走向的断裂群断崖从北向南阶梯状下降，总体南倾。

·涌泉：西关龙潭，坝子与山交界部位西侧有黄龙潭（又称西关龙潭），四季涌泉清澈。

·峡谷：观音峡，关坡东侧为丽江盆地汇流的漾弓江在陡坡上深切的观音峡。峡谷高而窄，峡壁陡崖峭立。峡谷深处凹石上有一茂密大树，称观音树；峡口水塘称犀牛塘。

□　邱塘关建筑群遗迹遗址

○　莲花山/复第山觉显寺觉显复第塔

七河坝子北缘西关村北悬崖陡坡坡顶莲花山，又称复第山。山上建有觉显寺、觉显复第塔。

·庙宇：觉显寺，觉显复第塔，有觉显复第塔碑。碑现存于丽江古城黑龙潭碑林。

·石碑：石碑一面刻《觉显复第塔记》，一面刻觉显塔寺记。

·《觉显复第塔记》：为土司木旺所作（1590 年）。记述了建塔缘由和过程。彰显了

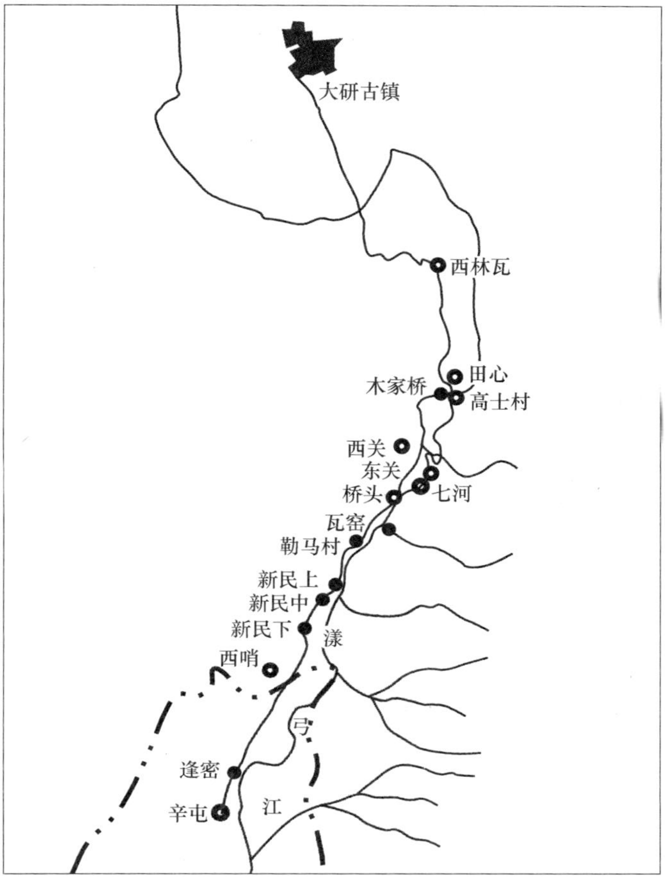

图 4-23 邱塘关古道、古邮驿道遗迹

木氏功德和祈求丽江风调雨顺、安民保土诚心；也显示了邱塘关对丽江府略的重要地位。

·摩岩石刻：塔寺南侧峭壁上有一尊佛像，并有阴刻佛像金刚镇鬼图。

○ 玉龙关

邱塘关的山间盘旋羊肠小道险要最窄处设玉龙关。玉龙关以石料砌石墙、砌门框。门框上书写大字“玉龙关”，两侧为楹联：

玉龙关上石狮子锁住千秋人地脉

花马国里忠义坊佑启万世子孙贤

○ 邱塘关三家村石门石狮

邱塘关有一面南的石门，石门东有二院，西有一院，又合称“三家村”。石门有一对高约 2m 的石狮子，口含可转动的石球。

◇ 石墙“小长城”遗迹

邱塘关西侧大约 700m 山头上，随山脊垒砌有西至悬崖边长约 2. 5km 的石墙遗迹。石墙用重约 20kg 的石块堆砌，厚约 1. 5~2. 5m、高约 1. 2m，内侧有约 0. 4m 的台阶。

石墙显然为防御功能。石墙始建于康熙年间，于吴三桂镇守云南时修建；其后，咸丰年间“乱世十八年”时加固。再后，曾作过两次修筑。

□ **茶马古道·古驿道·古邮驿道**

邱塘关是茶马古道、古驿道、古邮驿道丽江南段的重要驿道。

○ 古驿道丽江南段

从鹤庆境内往北到丽江驿道，鹤庆丽江交界处的丽江境内西哨入丽，经新民、勒马村、西关，翻越邱塘关莲花山，从西关过隘，或从东关绕行，到邱塘关北东西二道汇交的山脊路口；再经老母猪山、蛇山；由大研古镇南的八河村入丽江古城。

○ 邱塘关路段的关哨

明清时，邱塘关驿道路段关哨有：

岗子哨（今西哨）

其各哨（今七河村）

副你于哨

迦散甸买哨（今西关村）

（经邱塘关，北接东元岗哨）

○ 邱塘关路段的邮驿站

勒马桥

西关村

邱塘关郑家

（北接东元岗哨房朱家，再接木氏土司衙门）。

□ **观音峡·峡谷旅游景区**

○ 峡谷

观音峡峡谷高而窄，峡壁陡崖峭立。在雨季尤为雄伟壮观，谷内的观音瀑落差40m。

观音峡峡谷深处有观音树；峡口有犀牛塘。

○ 观音峡邱塘关旅游地质景观组合

邱塘关是丽江坝子五大关隘之一。

观音峡景区由黄龙潭泉潭和观音峡两大景点组成。

观音峡是一个融山水、泉潭、峡谷、瀑布、陡崖等和纳西村落、茶马古道古驿站、军事要塞邱塘关名胜古迹等自然景观、人文景观为一体的综合景区。

景区含“冲天柱”、“古栈道”、“猴子洞”、“骆驼峰”、“唐僧像”等十多个自然景点。

◆纪实 ◇ 2 石门关 古驿站古镇石鼓

石门关：位于石鼓北金沙江与其西江岸陡崖狭窄通道处。遗址构筑有由约200m长石墙连接的“小将台”、“大将台”、“点将台”遗迹。为丽江与藏区的通道。

□ **石鼓地标**

·万里长江第一湾的湾镇；三江并流分道扬镳的标记；金沙江河流袭夺的见证/转折点；

·三江并流世界遗产地的秀丽江山；

·茶马古道的古驿站、古镇名镇，多民族文化交融的金三角，香格里拉旅游圈的枢纽；

·老君山玉龙雪山纽带。

□ 石鼓景致

◇ 石鼓镇：位于长江第一湾转弯处，是联结玉龙雪山、虎跳峡、老君山等景区的枢纽景区。

石鼓镇民居宅院为三坊一照壁、四合五天井、走马转角楼（图 4-24）。石鼓镇因明朝嘉靖二十七年（1548 年）丽江木氏土司刻制的鼓状石碑而得名。

图 4-24 石鼓古村镇景观

◇ 铁虹桥：发源于老君山的冲江河在石鼓汇入金沙江处，于冲江河口河上建有铁索桥，称“铁虹桥”。铁虹桥建于光绪十三年（1887 年），桥长 17m，铁链上铺木板，两侧用铁链护栏。两边桥头建有门楼，并有“上下天门”、“退还庆幸”两块牌。1933 年（民国 21 年）桥被洪水冲毁，又重建。1985 年，进行了全面整修，丽江书法家周善甫和邑人王绅分别撰楹联“虹桥卧碧波，铁索绾细柳”，“杨柳两行清，水天一色明”。

◇ 石鼓：在金沙江流转角处的小山岗上建有汉白玉雕成的鼓状石碑，名石鼓。石碑直径 1.5m，厚 0.7m，有碑亭保护。系明代嘉靖二十七年至四十年（1548~1561 年），丽江土知府木高向北进军吐蕃，得胜凯旋后的记功碑，石碑两面都有阴刻铭文。

◇ 石门关：从石鼓镇溯金沙江而上约 3km 处，以险要著称的石门关。相传隋朝大将史万岁征云南时曾开此关，元明清三代均在此设关驻防，为兵家必争之地。

◇“长征渡口纪念碑”：1936 年 4 月，中国工农红军二方面军在贺龙、任弼时、肖克率领下，从这里渡江，北上抗日。新中国成立后，在石鼓碑背后的高坡上，建有红军“长征渡口纪念碑”，碑前牌楼建红军渡江纪念室，陈列红二方面军长征过云南的文物。

◇ 柳林：江湾堤岸上，浓密的护堤柳林；兼具护堤、观赏、休闲功能。

□　石鼓名人

石鼓三杰：周霖　范义田　李寒谷

□　范义田咏颂石鼓名句雅句

江流到此成逆转，奔入中原壮大观；
山连云岭几千叠，家在长江第一湾；
青峰壁立水云间，南卜金沙直北还；
神兵水将曾飞渡，万里长江第一湾；
金生丽水，玉出昆冈。

□　石鼓长江第一湾河段景观

· 陡急直流“峡谷”金沙江流速缓慢河段。
· 河道舒缓宽弯，多河流阶地，多心滩边滩沙滩。
· 河道内弯阶地沙地宽大，外弯窄且多基岩陡壁。
· 河岸发育阶地、耕地、村落。

◆纪实 ◇ 3　塔城关

塔城关位于石鼓向北，丽江塔城与维西交界处，金沙江岸。

◆纪实 ◇ 4　太子关

太子关位于玉龙山北东，丽江古城奉科宝山与宁蒗永胜交界处，金沙江西岸陡峭的剌宝山绝壁。

◆纪实 ◇ 5　九河关

九河关位于丽江古城南西狭长谷地丽江九河与剑川交界处，为大理向北经丽江与中甸维西、藏区通道。

石　材
·地域标识的石料

丽江的古矿业中，金、铜/铜器最为重要。而在丽江古城中，丽江砾岩五花石铺就的古城街巷，马蹄踩磨光滑锃亮的五花石条石古色，包含了丽江古人对周边岩石品质的识别和特有的喜好，对特色景观的美感。

金沙江自古盛产砂金。丽江盛产的丽江砾岩五花石已成为丽江地标品牌的石材，金山石、宝山砾岩也是极具观赏价值的地域特色的石材。

纪　实

◆纪实 ◇ 1　金/砂金

金沙江蕴藏砂金。砂金源自丽江大地蕴藏的金矿，原含金地层岩石、断裂带不断遭受剥蚀下切，蕴藏的金不断聚敛淀积于金沙江河谷谷地。

现今镶边环绕丽江大地的金沙江河段有多个砂金聚集地段，江岸金沙江流域有多个地球化学异常和金矿化地段。

◆纪实 ◇ 2　丽江砾岩·五花石

浅灰色、砖红色、紫红色钙质和白云质砾岩。角砾岩以灰岩、白云质灰岩及砖红色砂岩为主，胶结物为泥质、灰质、铁质，古近系丽江组地层，展布于丽江及其邻近的地质构造单元。以丽江的剖面为典型，用丽江地名命名，而且开采丽江砾岩作为丽江古城世界文化遗产地铺设道路和建筑用石材——独具一格的“五花石”。

丽江砾岩既是代表古近系地质演化过程的地域性标志，同时又可作为丽江地域性特色石材“五花石”的品牌。丽江组底部还是含金矿化层位，在区域上具代表性。丽江砾岩是重要的古近系地质演化及矿化的地质遗迹。

丽江砾岩的砾石大多为棱角状，浑圆程度不一，大的20~35cm，无分选性。砾石抗风化程度不一，砾石颜色灰、红多色混杂。在长年累月的风雨侵蚀和马帮踩踏下，路面五花石条石呈现凸凹不平、光亮不一的景致（图4-25）。

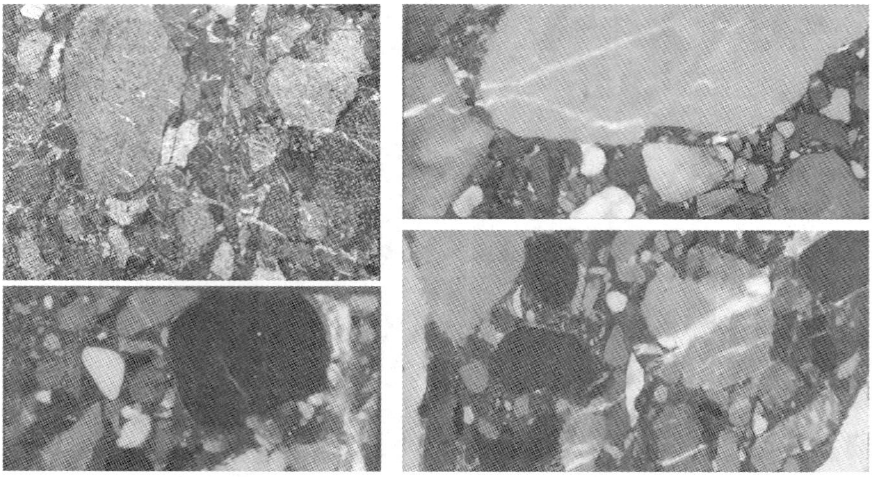

图 4-25　丽江砾岩·五花石花纹图案

丽江砾岩条石铺就的丽江古城街道，年代久远，凸凹有致，五彩衬映，光亮洁净，成了一道靓丽的茶马古道风景线。丽江砾岩用于建筑或铺设道路广场，磨光后，就成为源自丽江、装饰丽江、地域特色突出的旅游景观。

◆纪实 ◇ 3　金山石·钙泥质岩

产于丽江第四系的钙泥质沉积层，具有较好的成层性，是蜂窝状多孔结构的典型标志。以其金山盆地中的广泛性、代表性及特殊性，将其首次命名为“金山石”。

金山石在丽江古城及城乡中普遍用于房屋建筑；丽江古城中河上的万子桥用金山石作桥石，别具地域特色。

金山石具有很好的造型性。该区特有的造型石，如蜂窝状多孔结构的钙泥质岩石，白色或稍带土黄色，疏松至坚硬。丽江盆地中部，金山石一般掩埋土层之下，常和白色黏土层相邻，厚 40~60cm 左右，蜂窝状孔穴多垂直层面，孔穴或独立或沟通，“蜂巢”格架一般较坚硬，巢穴多为疏松钙泥质或土状物质充填或呈孔洞状，各部位硬结程度不一，孔穴变化甚大，可谓“怪、奇”，极具天然的假山造型（图 4-26）。当地称其为“白土岩”，造型别致，独具一格，因属当地特有，故称“金山石”。

图 4-26　用金山石建造的古石拱桥

金山石产出于土壤层之下，具有渗透调节土壤含水层和土壤层下浅表地下水的毛细管作用和很好的水土涵养功能。

◆纪实 ◇ 4　宝山砾岩

金沙江西岸冲江河下游在四周高山间似盆地状洼地，呈略向东倾斜的宝山斜坡台地（又称革囊坡），分布一套平缓的碳酸盐为主体的角砾岩——宝山砾岩，主体为灰色致密块状类沉积角砾岩。其总体呈层状产出，由碳酸盐成分的角砾和角砾间的胶结物组成。碳酸盐类角砾以灰色灰岩为主。角砾大小悬殊，棱角状、半棱角状、浑圆状并存，部分排列呈撕裂状；岩石中角砾多超过 80%。胶结物以钙质为主，有少量泥质（图 4-27）。

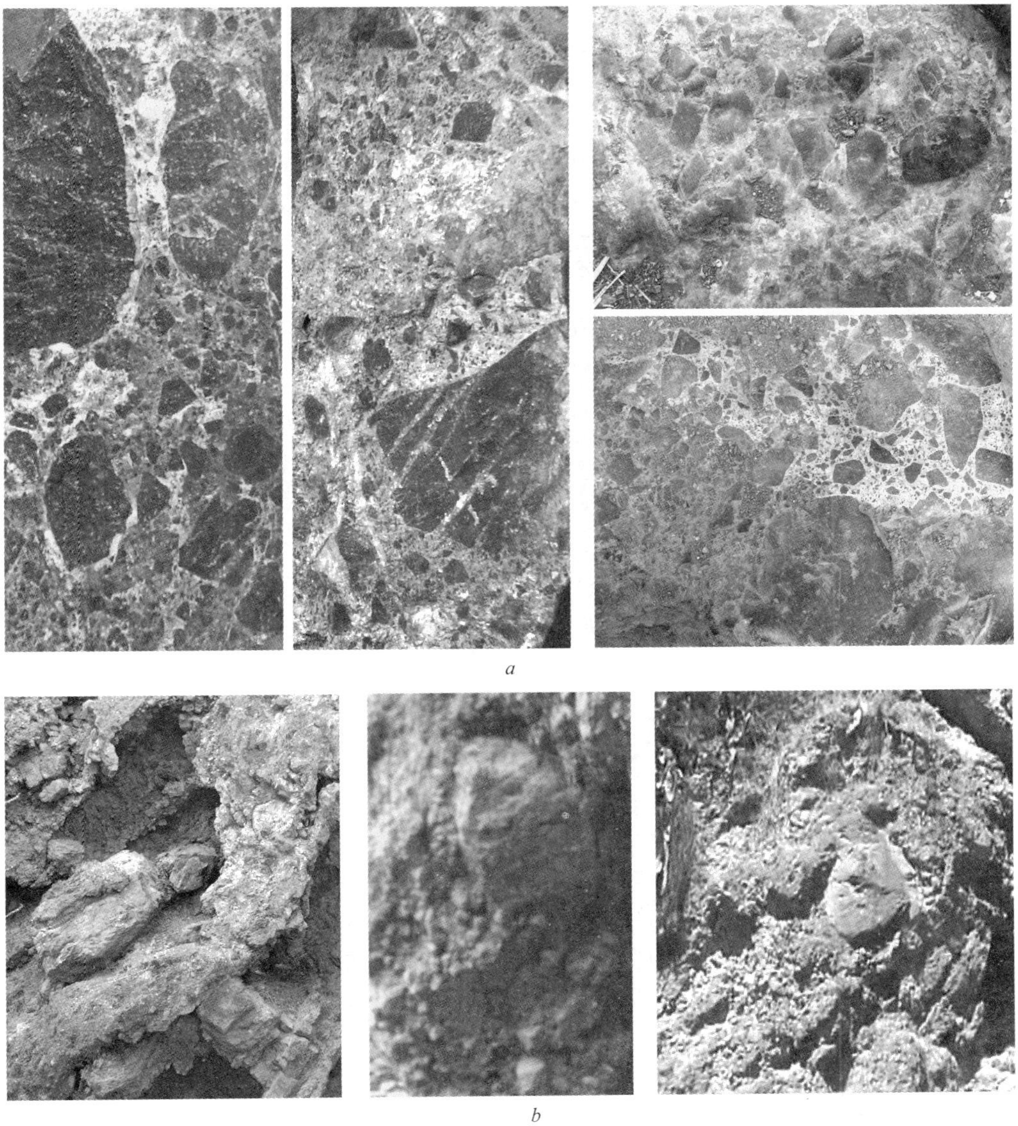

a

b

图 4-27　丽江宝山砾岩结构及风化特征

a—致密块状类沉积砾岩；b—崩塌角砾岩

随着地壳抬升，冲江河下切，冲江河两侧形成多级阶地，砾岩层呈连续悬壁及崩塌体、崩石。宝山斜坡台地的宝山砾岩可见厚度约40m，相对稳定。宝山石头城所在的小孤山，即为靠斜坡台地南东部侵蚀残余的宝山砾岩残山。

宝山石头城的原住民，依山就势，巧用宝山砾岩，谱写了宝山石头城石文化的篇章。

释 义

◆释义 ◇1 金沙丽水

粗略地遐想：按现今金沙江两侧的老君山玉龙雪山山脊相距约50km，平均海拔与金沙江江面高差约3000m计算，长江第一湾河段被剥蚀的空间，不断下降的谷地，随金沙江流水大浪淘沙，分散的金不断积聚在金沙江河床淀积物中，积聚成有利用价值的砂金，金沙江成为名副其实的金沙江。金沙江又称丽水，金沙江水系涵养丽江大地。

金沙丽水造就了丽江大地的秀丽江山。

◆释义 ◇2 丽江地域石料的地域标识

在古城/古驿站，用丽江砾岩铺石板路，历史悠久，已成为丽江标识性的石文化。

雪山文化
·地质景象衍生文化

玉龙雪山以其绮丽的雪山奇观，紧邻茶马古道驿站历史文化名城丽江古城，璀璨的地域民族文化；玉龙雪山具有一定的可进入性。玉龙雪山衍生了从古到今的丰厚的雪山文化。

如古人的雪山诗词；如20世纪初交通通讯极不方便的情况下，洛克、李霖灿仍到雪山考察，并向国内外传播玉龙雪山文化；当代的《印象丽江·雪山篇》的实景演艺。玉龙雪山地质景观衍生了形式多样的旅游地质文化。

13雪峰起伏绵延40km的玉龙雪山，犹如腾空巨龙，气势磅礴。常年云雾缭绕，随时令、阴晴、朝暮而变，绮丽多姿。

□ 雪山景致

○ 玉龙十二景

清代纳西族学者木正源归纳的玉龙十二景：

三春烟笼、六月云带、晓前曙色、瞑后夕阳、晴霞五色、夜月双辉、绿雪奇峰、银灯炫焰、玉湖倒影、龙早生云、金水璧流、白泉玉液。

○ 玉龙神山

玉龙雪山是丽江原住民纳西族及各民族心目中的神圣之山，玉龙雪山的化身“三朵”是纳西族的保护神。唐朝南诏国主异牟寻曾封赠玉龙雪山为北岳，元代元世祖忽必烈到丽江时，曾封玉龙雪山为“大圣雪石北岳安邦景帝”。

○ 玉龙第三国

“玉龙第三国”是纳西族古老传说中 东巴爱情守护神。是一个理想的圣洁之地、爱情国度。云杉坪是传说中进入这个国度的窗口。据东巴经记载，“玉龙第三国”里“有穿不完的绫罗绸缎，吃不完的鲜果珍品，喝不完的美酒甜奶，用不完的金沙银团，火红斑虎当乘骑，银角花鹿来耕耘，宽耳狐狸做猎犬，花尾锦鸡来报晓”。“玉龙第三国”被西方人称为“世界殉情之都”。

1956年，牛相奎、木丽春写作的长诗《玉龙第三国》出版。

○ “玉柱擎天”“玉壁金川”

在玉龙雪山南麓高约30m的峭壁上，清朝雍正年间（1724年）丽江第一任流官知府杨馝题写竖刻“玉柱擎天”四字。其左下横刻丽江郡丞聂瑞于1725年所题“玉壁金川”四字。

□ 雪山诗词

○ 题雪山　　木公 1494~1553 年（明嘉靖任丽江知府 27 年）

北郡无双岳，南滇第一峰。

四时光皎洁，万古势。

绝顶星河转，危巅日月通。

寒威千里望，玉立雪山崇。

○ 雪山歌　　李京（李京宣慰副史，大德年间到丽江）

丽江雪山天下绝，积玉堆琼几千叠。

足盘厚地背摩天，衡华真成两丘垤。

平生爱作子长游，览胜探奇不少休。

安得乘风凌绝顶，倒骑箕尾看神州。

□ 雪山书画

○ （美）洛克

20 世纪中叶，洛克在玉龙雪山南麓雪菘村（玉湖村）居住 28 年，悉心研究东巴文化；研究采集玉龙雪山植物标本；为美国地理杂志拍摄照片展现玉龙雪山；为从空中饱览玉龙雪山奇观，专门从昆明包飞机到丽江绕飞玉龙雪山和观看虎跳峡。

○ 李霖灿　著名学者、画家、散文家

1939~1943 年他到丽江考察民族文化艺术，攀登观赏玉龙雪山、穿越虎跳峡。曾出版《阳春白雪集》、《玉龙大雪山》等；1994 年出版《神游玉龙山》。

李霖灿悉心研究纳西文化。对玉龙雪山景色的描绘，情景交融，独具一格。如：绿雪奇峰、流沙十万、沙蝙蝠、银沙悬瀑；锦绣圆谷。又如，从四面观赏玉龙雪山得到不同的感受：西观，一线之路金沙江；北观，险绝人间虎跳涧；东观，银屏十三峰；南观，中正圆满之相。

○ 吴冠中雪山画派

1987 年，画家吴冠中慕名玉龙雪山 40 年后，到丽江住进玉龙雪山山麓的工棚里，在雨雾中，啃干馍就辣椒，等了十来天，月夜中捕捉到雪山微露颜面，画下了《月下玉龙山》。并写下：

崎岖千里访玉龙，

不见真形誓不还，

趁月三更悄露面，

长缨在手缚名山。

□ 《印象丽江·雪山篇》衬映玉龙雪山

在海拔 3100m 玉龙雪山南麓雪峰下，利用玉龙雪山实景作自然背景，由著名导演张艺谋、王潮歌和樊跃执导、2006 年 7 月开演的现代大型实景演出《印象丽江·雪山篇》，展现了古道马帮、对酒雪山、天上人间、打跳组歌、鼓舞祭天、祈福仪式等以纳西民族为主的当地民族雪域高原天人合一、和谐的雪域文化。

《印象丽江》·地质实景演艺文化

《印象丽江·雪山篇》是丽江旅游地质景观实景演艺文化，丽江旅游景观文化的典型代表（图 4-28）。

在丽江古城之北，丽江平坝北端拔地而起的玉龙雪山山麓山盆接壤部位，《印象丽江·雪山篇》以自然景观玉龙雪山实景为舞台，自然景观与人文景观、民族文化交融的旅游文化，是典型的以地质遗迹遗产（自然遗产）为源泉衍生的旅游文化、是典型的唯一性、独特性地域遗产文化，是源于地域旅游景观而孕育衍生的旅游景观文化。能让游客融入具有视觉撞击和心灵震撼的雪山文化、民族文化特色旅游文化氛围，感受到地域遗产文化的博大精深和源远流长。

图 4-28 玉龙雪山大型实景演艺《印象丽江·雪山篇》

对于历史悠久、景色优美的丽江世界遗产旅游地，地域旅游景观文化的发掘，将使其获取新的发展活力，高层次地持续利用，成为更高端的名副其实的世界遗产旅游地。

释 义

□ **地质景观文化——烘托主题的地质景观实景演艺/影视文化，是地质景象衍生的旅游地质文化**

从某种意义上说，旅游景观与旅游景观文化二者是相互依存、相互渲染的孪生体：因旅游景观的美，产生旅游景观文化，因旅游景观文化提高了旅游景观知名度与吸引力。

源于旅游景观而孕育衍生的旅游景观文化，常具有自然景观与旅游景观文化的协调融合性；以自然景观的美产生旅游景观文化，通过旅游景观文化而传播旅游景观之美。特别是将唯一性的浓郁地域民族文化与景观文化相耦合，孕育营造与自然景观协调、渗透于自然景观中的自然—人文复合旅游景观文化，增添了与景观环境协调的地域文化、民族文化，增强了旅游景观的特色旅游品位，构成了震撼、撞击游客心灵的旅游景观文化。

□ **特色旅游地质景观文化**

特定地域中，能显示地域的特定地质遗迹、旅游地质山体地质环境特征，地域性、特异性、典型性、垄断性突出的旅游地质景观。特色旅游地质景观能显示地域旅游资源品位，塑造地域特色、地标性旅游资源品牌形象。

扩展阅读

□ 旅游景观

景观是在一定地域中可观察到的客观事物的综合体。以其特定时空关系而具有特定的结构（景观结构）和系列（景观系列）。

旅游景观是客观存在于一定时空的事物、景物、景象的综合，它们具有旅游价值、蕴藏旅游功能，能吸引游人开展旅游活动或开发旅游产业的自然要素，人文要素、环境要素的综合实体。

旅游景观是旅游资源中具有景观特征的旅游景观资源，是人类生存空间中客观存在的旅游景象、景物，旅游景观具有客观存在的物质时空属性和主观意识认定的理念属性的双重性。

□ 旅游景观文化

景观是在人类生存环境中客观存在的综合体，景观文化是对景观内涵或外延及其审美认知的表述。景观文化通常通过景观文学艺术而载入人类史料。景观文化往往受社会经济、文化思想发展水平的影响，因人类审美意识的不同而异。较为完整成熟的景观文化，常常是以对景观形象、属性、结构等识别基础上得到的系统的审美认知产物。

文化是旅游的灵魂，特色地域景观文化是旅游景区生命力的活力，旅游景观文化成为衡量旅游景区品位的重要标志，也成为旅游爱好者优选旅游目的地的重要因素。

V 地域标志篇

·丽江特色旅游地质文化域

特色地质景观

- 旅游地特色地质景观单元

古城地质文化

- 基于生态地质环境的旅游文化

遗产景观文化

- 丽江地景旅游精品地标

遗产地品牌文化

- 丽江世界遗产地地域文化标识

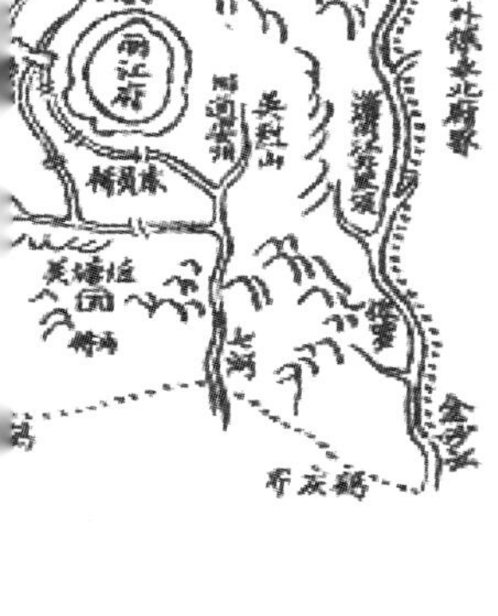

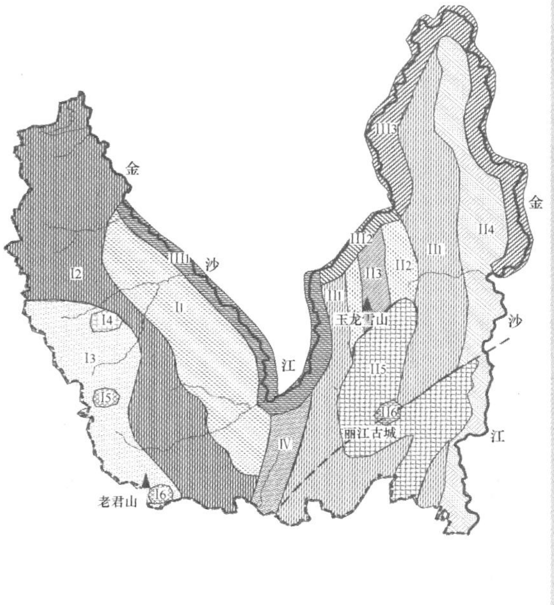

特色地质景观

·旅游地特色地质景观单元

丽江旅游地质景观丰富多样，具有丽江地域特色的旅游地质景观，可以丽江中部南北向的九河（-石鼓）谷地为界，划分为东部和西部，以及金沙江丽江段旅游地质景观（图5-1）。

·西部为以黎明丹霞和九十九龙潭金丝厂冰川湖群为特色的老君山系景观域；

·东部为以玉龙雪山冰川和拉市海白沙金山湖盆群为特色的玉龙山系景观域；

·丽江北缘和东缘以金沙江石鼓湾（长江第一湾）玉龙湾虎跳峡为特色的金沙江丽江段景观。

丽江地域特色的旅游地质景观精品单元可概括为：

Ⅰ 老君山系景观域

Ⅰ1 黎明丹霞景观

Ⅰ2 金丝厂冰川湖群景观

Ⅰ3 九十九龙潭冰川湖群景观

Ⅰ4 “石鼓群”变质岩系侵蚀景观

Ⅰ5 老君山古冰川遗迹景观

Ⅱ 玉龙山系景观域

Ⅱ1 玉龙雪山冰川景观

Ⅱ2 玉龙雪山古冰川遗迹景观

Ⅱ3 太安岩溶景观

Ⅱ4 拉市白沙金山断陷冰川溶蚀湖盆群景观

Ⅱ5 大研山水石文化景观

Ⅱ6 “丽江人”遗址景观

Ⅱ7 宝山石头城岩溶蚀余景观

Ⅲ 金沙江丽江段景观域

Ⅲ1 石鼓湾/长江第一湾景观

Ⅲ2 虎跳峡 U-V 套谷崩滑峡谷景观

Ⅲ3 玉龙湾峡谷石文化（岩画石器）景观

Ⅲ4 九河古金沙江河道遗存景观

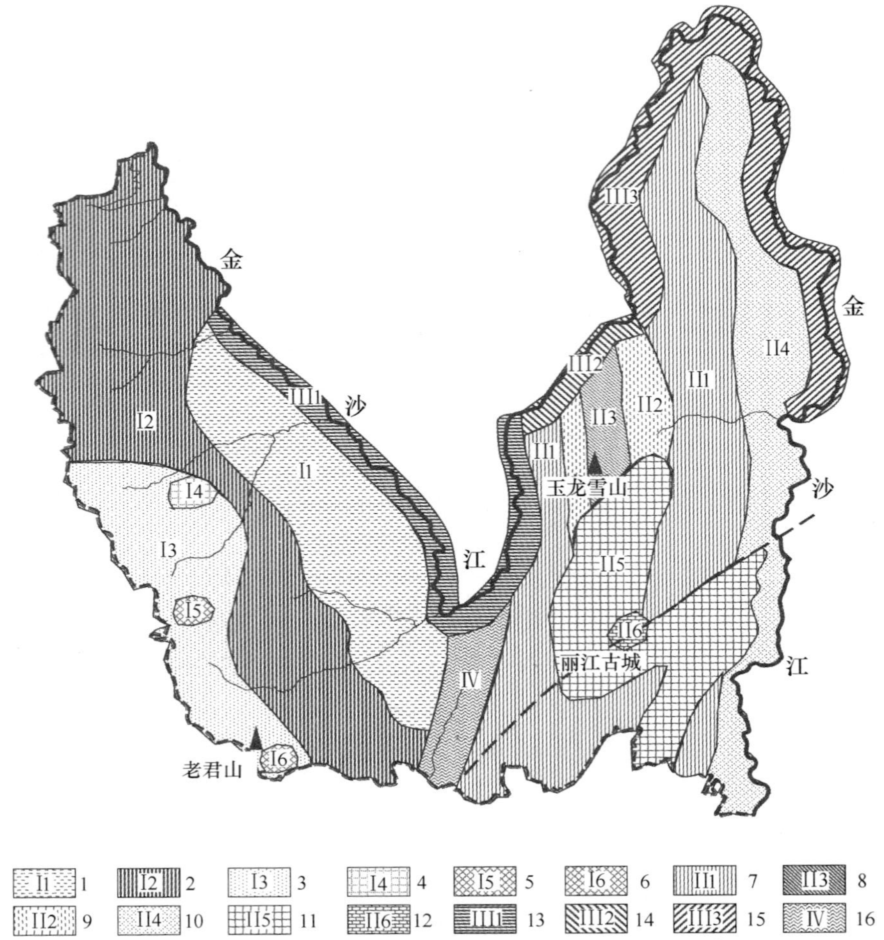

图 5-1 丽江旅游地质景观单元简图

Ⅰ老君山系景观域：1—“石鼓群”变质岩系侵蚀景观；2—侵蚀景观；

3—侵蚀与古冰川遗迹景观；4—黎明丹霞景观；5—金丝厂冰川湖群景观；6—九十九龙潭冰川湖群景观；

Ⅱ玉龙山系景观域：7—太安岩溶景观；8—玉龙雪山冰川景观；9—玉龙山古冰川遗迹景观；

10—侵蚀与溶蚀景观；11—白沙、拉市、金山断陷冰川岩溶湖盆景观；12—大研山水石文化景观；

Ⅲ金沙江丽江段景观域：13—长江第一湾景观；14—虎跳峡 U-V 套谷峡谷景观；

15—金沙江玉龙湾峡谷石文化景观；

Ⅳ 16—金沙江古河道景观

古城地质文化

·基于生态地质环境的旅游文化

基于狮子山的地质地貌、山水态势，丽江大研古镇的城址格局，从古村落到古驿站、到古城镇的扩展，就城址生态地质环境，依山就水布局扩展，体现了天地人合一、自然扩展的景观文化（图 5-2）。

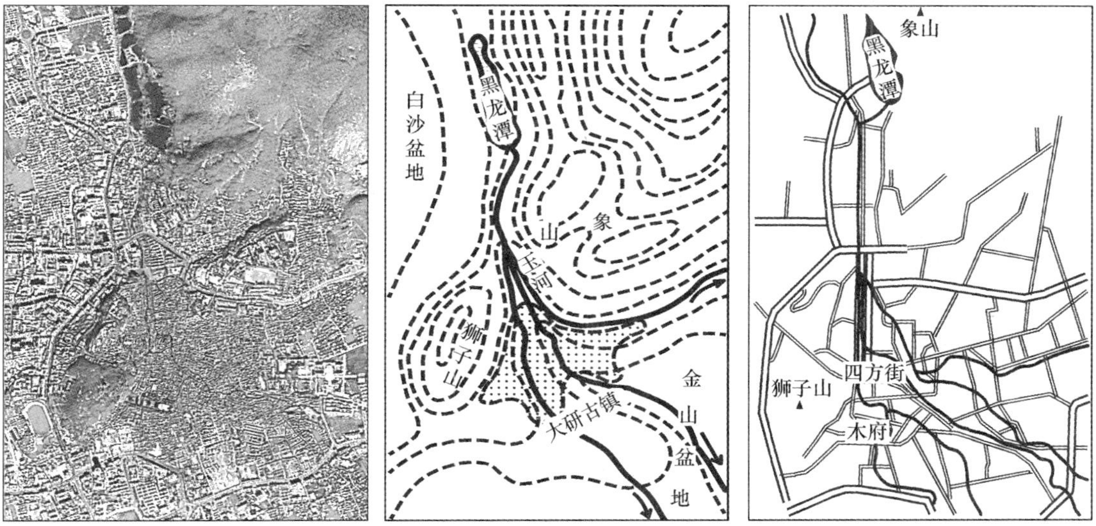

图 5-2 依山傍水的古城选址及街巷-水系格局

○ 古镇·生态地质环境旅游景观文化

北依象山，西枕狮子山，坐靠北西山脉，面向南东宽阔平坝地脉，总体北西较高较窄，向南东渐宽缓缓倾斜呈扇状铺开。城址既利于采集南东方向阳光暖风热能，又能避西北方向玉龙雪山寒风冷气；既利于水流由北西进入，向东南流淌。街巷临河，水系街巷相傍相依，总体北西收敛南东散开呈帚状展布，支巷庭院灵活，就地势变化布局。水系散流全城利于家家户户用水，沿街顺巷溪流伴依，利于街巷用水自流冲洗，保持城镇洁净。

丽江城市发展，古镇依山而建，临山而发展；现今城市扩展，于山盆结合部临山建城；总体呈组团式城市群。

○ 古城·天人合一、自然拓展的水–街–房网络旅游景观文化

古城是在古茶马古道节点上，随着商贸集市扩大对古驿站功能的需求而发展，随区域政治经济需求而扩张。在象山以南、狮子山以东由自然村落不断扩展聚集，连接成城镇。古城密集建筑物向四周逐渐稀疏，渐变为旷野田园村落。古城内部街道大体以四方街为集贸广场中心，随意自然地与原有自然村落连接，房–路–水相依相随，遇水搭桥，遇“村”绕行；由四方街向四周散射，路径四通八达，可与四方街广场集市相通。

古城水系–街巷犹如血脉神经网络，三坊一照壁、四合五天井院落犹如蜂房巢穴；房舍为穿斗式、榫口、木结构，天井用瓦片鹅卵石铺就的图案，照壁题字“福”、“紫气东来”等寓意吉祥，每个院落庭院犹如一个花园。街巷路面清一色用五花石条石铺就，房舍优选成以三坊—照壁为主体，组成的街—路—水古城建筑模式。四方街是古城“水城”水–街网络的枢纽。

○ 桥·“小桥流水”桥文化

在水街民居聚集的古城，有大小不等的石拱桥石板桥木板桥354座（张辉，2004），遍布于古城街巷。古桥与流水、绿树、街道、房舍融为一体，成为古城的标志性景观，古城可称为“桥城”。

○ 水·“小桥流水”水文化

古城玉河源自城北象山西麓黑龙潭涌泉，过玉龙桥进入古城分东、中、西三河，再分支流支渠。中河系自然河流“玉河”，东河为城东灌溉人工引渠，西河为引流狮子山东麓古城用水。河随街巷，穿街过巷，街渠相依、遍流全城，水–街–民居互依共存；街巷遇水建桥，河沿多种柳树四季花，花香树影婆娑，河岸垂柳拂水，为名副其实的“小桥流水人家”街市。略具坡度的山地“水城”，是与城市同步发展独具地域特色的水景观。

溢流的泉水依地势构建上池饮用、中池洗菜、下池洗衣物的地域特色“三眼井”用水模式景观。体现了古城居民淳朴的水为命脉、水为灵魂、合理用水、科学用水的自然和谐水环境生态观念。

○ 石·五花石铺就的石文化

丽江古城茶马古道石板路驿站、石板路街巷、石板四方街、石桥、石河堤、石牌坊、石碑，整个古城洋溢着以丽江砾岩“五花石”铺就的石文化。

·用丽江地域特色的五花石铺就的街巷道路；

·跨越水系、连接街巷的众多石桥；

·精美的石牌坊；

·条石镶嵌的“三眼井”；

·庭院、门楼的石雕、石刻。

○ “风水”·古城生态环境“风水”景观模式文化

金沙江水系–玉龙雪山山系与丽江盆地–丽江古城生态环境，具有中国古典风水背山面水、负阴抱阳、风水吉祥“宝地”的山水结构模式（图5–3）。“明堂”“穴”古城，外圈有金沙江河谷环护、北有“龙山”玉龙雪山群山（紧邻有象山狮子山）屏蔽；东有“青龙”震青山、西有“白虎”马鞍山、文笔山护山；东有玉河东沙河、西有青龙河于城南东汇成“水”漾弓江包围古城，在关坡有东西二山对峙的“豁口”；城前有洼地金山黄山盆地；再前（南）有“案山”蛇山、“朝山”五台山。古城近乎于理想的吉祥宝地风水模

式，古城城址依山傍水、采阳避寒，背山荫绿、面坝育粮，山清水秀、物产富庶，山-水-城组合自然和谐，具备理想的人居自然生态环境。且不论古城选址与扩展形成中的丽江先民是否已有了中国古代城乡聚居地选址的“风水宝地”山水理想模式观念，但古城的选址和布局的确显示了深邃精美的人与自然和谐、最宜人居的生态环境的城镇选址景观文化。它是古城遗产景观文化的重要组成。

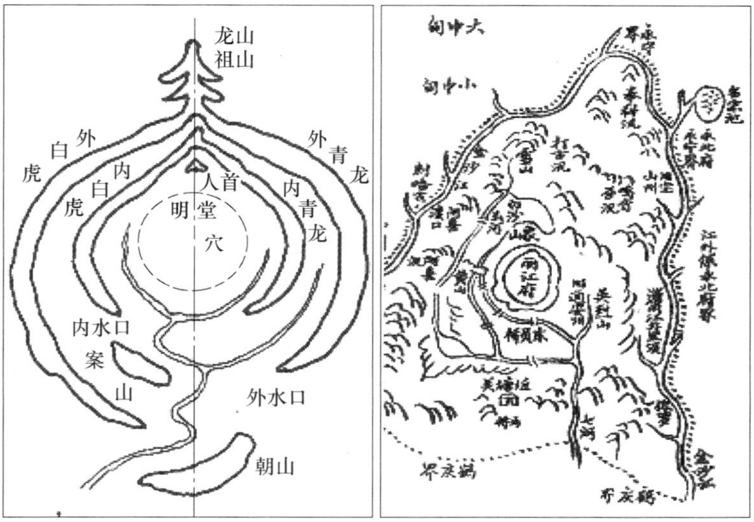

图 5-3　丽江山水格局与传统风水理想模式（右图引自《丽江府志略》）

○　四方街·水街网络枢纽景观文化

位于古城中部为东西长（西较东稍窄）、南北短，西端略高略宽，似梯形的广场“四方街”，约 15000m^2，五花石板铺地，四周溪沟，清晨用水冲洗石质街面，保持洁净环境。原为贸易集散地、民众聚集场所。古四方街街道广场，白天是商铺商贸集聚中心、晚上是人们休闲聊天、打跳娱乐中心。

古城的水系和与水系相依的街巷为古城景观中的廊带，大体以四方街向四方散射，呈随意型网络，三坊—照壁、四合五天井院落，呈斑块状镶嵌于水街网络间。构成紧密镶嵌型斑廊景观结构。四方街是古城“水城”水-街网络的枢纽。

○　街巷·廊带景观文化

大街小巷全铺五花石青石板，既耐磨又方便冲洗。历经驮马久踩，留下马帮踏碾、凸凹有致、淀积历史沧桑的累累痕迹。从街头到巷尾，沿街商铺清一色为木结构铺面，大多高约 3 米，下截石脚之上木制柜台，上截木板嵌槽镶接，就市拆卸、闭市嵌关。主街道宽两驮马两人并行或向行，其他街巷宽一驮马二人让行。木质铺面两侧相对，与其间狭长的五花石路面相互映衬，构成鲜明的地方街景特色。

○　牌坊·内涵民族文化建筑景观文化

由四方街向南东的街道与木府相通长仅百米的街道，有 3 座牌坊，形成丽江地域特色鲜明、文化内涵浓郁的唯一性地标式牌坊群旅游景观文化。

·关门口：石砌门楼，书写“關門口”。

寓意一　此处由集贸地域进入官府地域，为官门口；

寓意二　此处进入地域间通关报关之处。

·天雨流芳：石脚木牌坊，书写“天雨流芳”。

寓意一　去读书吧，为纳西话“去读书吧”的谐音；

寓意二　崇敬天人合一、天地人和、生态和谐。

·石牌坊：雄伟而庄严华丽、汉白玉石条镶嵌的石牌坊。书写“忠義”二字，设置于木府大门前。

○　地景·古城城址地质奥秘文化

·断裂构造交会处：区域性的北东向金棉断裂带与南北向玉龙雪山断裂构造带交会构造节点附近；

·断陷湖盆拉分盆地交替处：金山拉分盆地与白沙断陷盆地交替处；

·侵蚀残山与湖河交替处：侵蚀残山狮子山与东缘河湖相交替处；

·冰川相湖沼相交替处：白沙冰川相与金山湖沼相交替处；

·系异常之地：南北向水系向南东分流之地；

·地形变异之地：狮子山、象山山体向周边坝子过渡部位；

·泉群聚集溢流之地：白马龙潭等狮子山南东泉群、金虹山南麓泉群溢流之地。

古城城址地质环境为古城提供了依山临水组构发展条件，丰富的水资源、扩展的空间，提供了塑造特有的水文化、石文化的环境。

□　丽江世界文化遗产古城景观旅游文化

·丽江古城是历史上茶马古道的战略要塞古驿站，是借茶马古道驿站而发展起来的地域经济中心；丽江古城是地域经济集贸节点与政治文化中心相融合的政治经济战略重地；是千百年孕育淀积的历史文化景观。

·丽江古城是依山就势，独特的水街合一的“小桥·流水·人家”完美和谐人居环境生态系统，是滇西北纳西族白族民族“三坊一照壁”、“四合五天井”建筑风格集萃的地域民族建筑群。

·丽江古城天人合一、自然与人文和谐，古朴而不失昌盛，宁静而不失繁荣，精巧而不失粗犷的特色风貌，是历经无数世态沧桑而其建筑风貌、民族文化世代传承的独特景观遗产地。

·丽江古城有其特有的地域环境和与地域环境相协调的独特的遗产景观，遗产景观文化在世界范围内的唯一性、稀罕性和独特性，形成了丽江古城极具吸引力的世界级旅游地。

丽江古城建筑群遗产景观文化的独一无二、无可替代、不可再生性，不仅使丽江古城遗产具有极高科考研究功能、社会教育功能、经济功能、文化传承功能，也使丽江古城具有极高的旅游功能。

丽江古城不仅是人文景观文化范例，也是基于特定生态地质环境而兴起和发展的人地和谐的山城特色旅游地质景观文化的典型。

□　丽江古城旅游景观文化

○　以古城古建筑群为主体的旅游景观格局文化

·总体：山-水-城一体的景观格局；

·核心：古城建筑群景观；

·古城周边：丽江盆地田园原野景观；
·北部：玉龙雪山及金沙江虎跳峡雪山峡谷自然景观；
·西北部：老君山三江并流自然（生态）景观及黎明丹霞景观。

○ 古城特色（周边）多元结构文化

·丽江文化，多元文化共融：丽江北边为藏族聚居文化区，南边为白族聚居文化区，东边为汉族聚居文化区，丽江为多元文化交汇共融的地域。古城构成丽江文化结晶核心。

·丽江文化，纳西文化为主体的多元文化：在纳西文化为主体的丽江文化中，融合了丽江周边的藏族、白族、汉族等多民族文化元素，形成包含多元文化、纳西文化主体的丽江文化。

□ **世界文化遗产的古城遗产旅游景观文化**

○ 浓郁独特的古城遗产景观文化标志

丽江古城具有内涵浓郁特色的世界文化遗产旅游景观文化标志。

○ 景观文化内涵标志

·独特的民族文化、民俗文化、纳西文化融合的地域民族景观文化：
·茶马古道古驿站古城遗产景观文化是丽江古城旅游文化的根基和源泉；
·人与自然和谐、天人合一内涵是古城遗产景观文化中的典型特色。

○ 景观文化特色标志

·层次清晰的依山傍水、青山绿水的山-水-城-田园景观：
山（狮子山、象山）-水（玉河）-城（古城-聚居村落）-田园（丽江盆地）组合。
·依山就势的人居自然聚落：
依地势，城-街巷-民居高低错落有致；
依山势、地势，街城总体向南东平坝缓倾；
依地势建城，有利于生态环境自净化功能，保护自然环境；
依生态环境，创建特色的“三眼井”用水模式。
·水-街道-民居相依相随，自然和谐，融为一体：
水网-路网-街巷-树（柳、花）的布局自然和谐；
天人合一、舒适恬静的人居环境建筑风格。
·文化寓于景观“小桥·流水·人家”怡然自得的微观人居生态格局：
三坊一照壁、四合五天井的庭院园林建筑风格；
家家有庭院园林、户户有流水的“水城”人居（风水）。

遗产景观文化
·丽江地景旅游精品地标

丽江古城城市周边世界遗产地精品旅游地质景观呈现明显的等级体制和特定的景观结构。

□ 丽江精品旅游景观单元

旅游景观结构是旅游景观中景观要素或景观单元之间，由旅游景观环境、成景作用所决定，由景观特征所显示的特定景观要素/单元的组合形式，是旅游景观时空域中的景观基本要素/单元的组合规律/模型的概括和显示。丽江以世界遗产为主体的遗产遗迹精品旅游景观的空间展布，具有明显的等级体制、层次结构和复合结构特点（表5-1）。

表5-1 丽江世界遗产地精品旅游景观单元等级体制与景观结构

<table>
<tr><th>等级体制与层次结构</th><th>Ⅰ级</th><th>Ⅱ级</th><th>Ⅲ级</th></tr>
<tr><td rowspan="4">景观单元与类型结构</td><td rowspan="4">丽江世界遗产地（文化遗产-自然遗产-记忆遗产）复合旅游景观</td><td rowspan="2">丽江古城世界文化遗产-自然复合旅游景观</td><td>古城文化遗产旅游景观</td></tr>
<tr><td>玉龙山雪山冰川自然旅游景观</td></tr>
<tr><td rowspan="2">老君山世界自然遗产旅游景观</td><td>九十九龙潭高山湖泊自然遗产旅游景观</td></tr>
<tr><td>黎明丹霞自然遗产旅游景观</td></tr>
</table>

□ 丽江旅游精品景观的典型特色

○ 地域垄断性

景观具有一定的地域，旅游景观总是具有一定的景观域（景域），以其与周围的景观差异（地域差异性、异质性），而构成区域中有旅游价值或旅游价值很高、有鲜明特色或景观标志、构成特定的旅游景观域，形成旅游景观地域性。这种特色性极强、旅游景观地域性很强的旅游地，就构成仅此地域特有的旅游景观，若为罕见、独有的旅游景观域，则以旅游景观的地域性而形成极高的旅游价值。特定的地域性旅游景观具有旅游景观的不可移植性，形成了旅游景观的极强吸引力和景观“垄断性”。丽江世界文化遗产、自然遗产、记忆遗产同位组合的复合旅游景观旅游地，就是不可移植性、旅游吸引力极强、“垄断性”极强、旅游价值极高的精品旅游地。

○ 地域同位性

·地域空间展布

丽江古城世界文化遗产展布于高原群山中海拔约2400m的小巧玲珑、袖珍式盆地，玉龙雪山位其边缘；老君山世界自然遗产位于丽江古城之西约 60km、海拔 3000～3500m 高原面群山。二者呈南北向条块平列展布。丽江三大世界遗产精品旅游景观集中于约 3500km^2 地域内，成为精品旅游资源集萃的世界遗产景观文化旅游地。

· 地域景观结构

丽江精品旅游景观呈现典型的散斑状景观结构，斑块不均匀散布于景观域。丽江古城世界文化遗产-自然复合旅游景观、老君山世界自然遗产旅游景观分别为双核结构，二者组合呈平列板条状的斑块结构（图 5-4）。

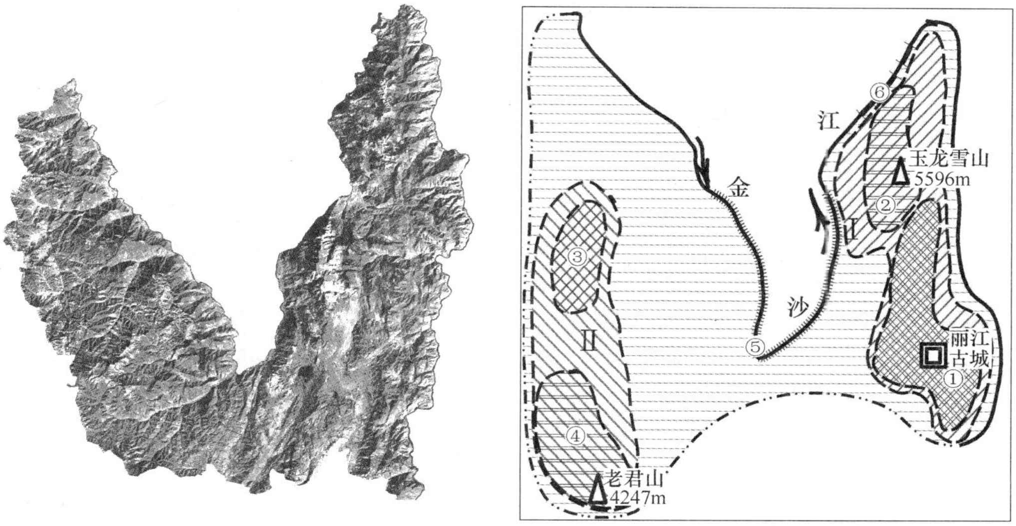

图 5-4 丽江古城及其周边旅游精品景观结构

Ⅰ—古城-玉龙雪山双核结构；Ⅱ—九十九龙潭-黎明双核结构；

①—古城；②—玉龙雪山；③—黎明；④—九十九龙潭；⑤—长江第一湾；⑥—虎跳峡

· 地域景观区位

丽江精品旅游景观呈现自然遗产景观、文化遗产景观与记忆遗产地同位同域共现，品位叠加，整合增值。

□ **丽江旅游精品景观结构/景观结构典型模式**

○ 古城文化遗产旅游景观结构

· 山-水（河）-街（路、桥）-树（花）-民居建筑、镶嵌式斑廊复合结构的城镇景观结构精品；

· 依山傍水、依山就势、“小桥 · 流水 · 人家” 型人居环境的自然和谐景观结构。

古城文化遗产旅游景观文化是现今丽江旅游最为辉煌灿烂、最具吸引力、人气最旺的旅游精品旅游地。

○ 古城-玉龙雪山，双核结构

· 古城、玉龙雪山为独立的旅游景观单元，二者组成斑基结构；

· 古城与玉龙雪山人文与自然景观的互补耦合；双核结构组合旅游景观是现今丽江旅游的重要支撑。

· 城（古城）-田园-山野-高山奇山（玉龙雪山）-江（金沙江）的丽江复合景观和

谐组合是历史文化景观-田园景观-自然景观复合结构的多元景观文化“天人合一”的风水精品；

·文化遗产-自然遗产（地质公园·国家公园）组合极佳的遗产景观文化旅游地。

古城-玉龙雪山双核结构旅游景观是丽江现今相互依存、相互衬托、唇齿相依组合极佳的旅游胜地，是现今丽江旅游的支撑。

○ 九十九龙潭-黎明丹霞，双核结构

三江并流世界遗产地中南北向展布的老君山自然遗产片区，北部黎明丹霞景观和南部九十九龙潭金丝厂高山湖泊，山水景观为双核结构，是原生态保存极佳、自然景观极其绚丽多彩的世界遗产旅游地。

九十九龙潭-黎明丹霞双核结构旅游景观是丽江现今处于旅游开发初期的旅游地，是丽江旅游高层次发展的后备旅游精品。

○ 古城-玉龙雪山-老君山（黎明），三足鼎立景观结构

古城-玉龙雪山-老君山（黎明）文化遗产-自然遗产组合、风景名胜区-地质公园-国家公园组合、城镇-雪山-丹霞景观组合，构成三足鼎立的世界级遗产旅游地。具有人文与自然景观互补耦合的极佳旅游景观耦合结构。

古城-玉龙雪山-老君山（黎明）三足鼎立景观结构旅游景观的开发建设，将是丽江中远期旅游高层次发展、旅游产业链延拓、旅游规模扩展、旅游产品多样性集萃的最为理想的旅游精品结构，是丽江旅游环境容量巨大、旅游业长盛不衰和可持续发展的丽江遗产旅游的坚实保障。

○ 古城-玉龙雪山与老君山-黎明并列旅游景观斑块结构

南北向古城-玉龙雪山斑块与老君山-黎明斑块并列，与其间的长江第一湾带状景观组成斑廊基景观结构，是世界文化遗产与世界自然遗产组成的双遗产旅游景观结构。有利于构建以世界遗产地为主体支撑，与其间的山野、田园、村镇、江河旅游资源整合协调，和谐发展为多旅游元素结构的玉龙生态旅游圈遗产旅游地域。

□ 江山的环古城丽江旅游景观域包容层圈结构

三江并流的金沙江从北向南流至石鼓，与怒江澜沧江分道扬镳，折向北形成向南突出的长江第一湾，向北流约100km抵三江口，又以近360°急转南下约100km，包括丽江玉龙雪山及其紧邻山体组成的丽江玉龙雪山山系（图5-4）。金沙江犹如腰带缠绕巍然挺立的丽江玉龙雪山山系；丽江玉龙雪山山系又包括相对低洼南北向的高原山间盆地丽江盆地；丽江盆地次级白沙盆地与金山盆地又包括丽江古城。丽江古城距西侧金沙江、东侧金沙江、北侧玉龙雪山皆为20km左右。金沙江河谷与玉龙雪山山系一衣带水，金沙江水系-玉龙雪山山系与丽江盆地-丽江古城唇齿相依，构成环古城丽江层圈包容状水-山-盆结构景观，涵养了生态环境优美、气候宜人的秀丽江山丽江古城。

遗产地品牌文化
·丽江世界遗产地地域文化标识

丽江是世界自然遗产、文化遗产、记忆遗产的世界遗产地。基于丽江生态地质环境、自然环境和社会经济发展特点，丽江的世界遗产文化具有丽江地域特色。

○ 遗产文化的多样性

·代表喜山期新构造运动地球演化史以及代表板块构造地壳演化过程、生物演化过程的突出例证；

·独特、稀有、绝妙的地质地貌景观与生物景观、生态景观、自然景观组合成罕见、优美、宏大的原生态系统自然美三江并流带；

·世界最丰富的生物多样性地域，以及尚存珍稀或濒危动植物种的栖息地；

·人类生存繁衍、与自然环境的和谐发展，特定生存环境所形成的创造性、唯一性，特色地域建筑艺术景观与优美的人居环境文化；

·历史和艺术价值、记忆人和自然协调发展、独特的人类非物质文化遗产。

○ 多元遗产文化的共融性

·自然遗产文化与人文遗产文化融合；

·世界自然-人文-记忆遗产文化耦合；

·以纳西文化为主体的纳西族、藏族、白族、汉族及多民族文化融合的丽江地域特色文化。

○ 人与自然和谐、天人合一的环境优美人居文化

依山傍水、依山就势、山水相依、人与自然和谐的山-水（河）-街（路、桥）-树（花）-民居“小桥·流水·人家”特色的丽江古城建筑群；茶马古道古驿站；天人合一优美的高原盆地人居环境、人居景观文化。

○ 唯一性、浓郁独特的地域民族文化

在高山峡谷地形地貌复杂的特定自然环境，特定的多元文化共融人文氛围，形成独特的地域民族文化和自然的共同作品——地域性民族性景观文化和世界唯一的、奇异的、活着的象形文字东巴文化。

○ 多元遗产文化的同位同域性

多样性自然遗产、多样性文化遗产在丽江地域同位展布，三江并流老君山自然遗产、黎明丹霞地质奇观、玉龙雪山地质奇观、虎跳峡、长江第一湾地质奇观、丽江古城文化遗产以及以东巴文化为代表的地域特色民族文化，高密度地展布于丽江盆地古城周边约

$5000km^2$ 范围内，成为罕见的、结构紧凑、自然和谐的多元文化遗产地。

○ 遗产文化的高品质性

丽江遗产文化是世界自然遗产-文化遗产-记忆遗产耦合的世界级高品级遗产文化，具有极高科考价值和观赏价值、旅游价值。丽江是多元世界遗产文化精华高度集萃的世界遗产文化宝库，是底蕴丰厚、特色浓郁的世界遗产文化博物馆。还有黎明、玉龙雪山二国家级地质公园、老君山国家公园文化。

释 义

◆释义 ◇ 1 遗产文化

遗产，通常指“死者留下的财产”，或“历史上遗留下来的精神财富或物质财富”（《现代汉语词典》，商务印书馆）。根据社会发展，遗产保护的需要，1972 年联合国教科文组织在《保护世界文化和自然遗产公约》（《世界遗产公约》）中规定了作为全人类共同财产“世界遗产”的标准——列入“世界遗产名录”标准，把世界遗产划分为自然遗产、文化遗产、记忆遗产。遗产有有形的物质遗产和无形的非物质文化遗产。世界遗产是人类文明凝聚的精华，是人类共有的珍贵的财富。

世界遗产所蕴含的文化或由遗产所衍生的文化可称为遗产文化。

·自然遗产文化内涵，显示地球形成、演变，沧桑变迁；地质、地貌、生物、生态的演化产物；地球遗迹、地质遗迹的自然科学文化的结晶。

·文化遗产文化内涵，人类演化、生存繁衍；人类在与自然环境的和谐发展中产生的人类文化；由特定生存环境所形成的特定地域文化、唯一性特色地域文化。

·记忆遗产文化内涵，具有历史和艺术价值、记忆人和自然协调发展的人类非物质文化。

因世界遗产的全球性、代表性、典型性、独特性，世界遗产常常成为世界级的旅游胜地，世界遗产文化则是旅游文化的灵魂。遗产文化在一定程度上可视为对世界遗产内涵与外延的深层次发掘与传承。

不仅要保护历史遗产遗迹，而且要继承传播其文化传统；不仅要保持遗产文化旅游经济意义，而且要使其具有持续生命力。

◆释义 ◇ 2 丽江的世界遗产文化

丽江古城于 1986 年列入国家级历史文化名城，1997 年列入世界文化遗产，2003 年列入世界记忆遗产，2003 年其周边的三江并流列入世界自然遗产。丽江是拥有世界文化遗产、世界自然遗产、世界记忆遗产的三个世界遗产地桂冠的国家历史文化名城；有保存完好的优秀的民族建筑群、茶马古道的商贸集散地驿站；有被誉为活化石的东巴文化，有以纳西文化为主体的灿烂民族文化；有三江并流奇观的老君山自然遗产地及黎明丹霞、长江第一湾、玉龙雪山、虎跳峡等地质地貌奇观。丽江古城拥有堪称世界优质的自然与文化景观：山水-田园、庭院-街巷-城镇结构优雅、风景名胜集萃、气候宜人适宜居住、底蕴浓厚的历史文化名城和旅游胜地；成为极其重要的旅游枢纽城市，极具吸引力和发展前景的旅游目的地。

◆释义 ◇ 3　世界遗产委员会评价

世界遗产委员会对丽江古城和三江并流世界遗产的评价，显示了丽江世界遗产地的价值。遗产地的评价中也蕴含了丽江古城与三江并流地区的世界遗产文化及其价值：

丽江古城：丽江把经济和战略重地与崎岖的地势巧妙地融合在一起，真实、完美地保存和再现了古城的风貌。古城的建筑历经无数朝代的洗礼，饱经风霜，它融汇了各个民族的文化特色而声名远扬。丽江还拥有古老的供水系统，这一系统纵横交错、精巧独特，至今仍在有效地发挥作用。

三江并流国家公园：位于云南省西北部的多山地带，占地 170 万 hm^2，是具有七种地理学特征组合的保护区。亚洲三条大江——长江、湄公河、萨尔温江的上游金沙江、澜沧江、怒江在此并行。它们由北向南，下穿 3000m 深的峡谷，上接 6000m 高的雪山。这里是中国生物多样化的中心，也是全球同具多样化生态条件区域中最富饶、温和的地区之一。

◆释义 ◇ 4　古城世界遗产景观文化

丽江古城以深厚的纳西民族文化为支撑、人与自然和谐共处共荣、独特完美古老的建筑群称著于世，是人类宝贵的世界文化遗产，也是极具吸引力的世界旅游地。从旅游景观的理念探讨世界文化遗产丽江古城景观文化以及基于丽江古城景观文化的古城旅游文化源泉，有助于古城景观文化保护及传承，有助于金山社会经济发展中古城原型特色的构建，挖掘“魂系古城”的真谛。

列入世界文化遗产名录的丽江古城是人类文明的精华，是人类与自然和谐共存的完美结晶，是世界记忆遗产纳西先民东巴文化的载体，是具极高历史与科学价值的建筑群。是“从历史、艺术或科学角度看，因其建筑的形式、同一性及其在景观中的地位，具有突出、普遍价值的单独或相互联系的建筑群”（《世界遗产公约》）。

丽江古城是历史上茶马古道的战略要塞古驿站，是借茶马古道驿站而发展起来的地域经济中心；

丽江古城是地域经济集贸节点与政治文化中心相融合的政治经济战略重地；

丽江古城是依山就势，独特的水街合一的“小桥·流水·人家”完美和谐人居环境生态系统，是滇西北纳西白族民族“三坊—照壁”、“四合五天井”建筑风格集萃的地域民族建筑群。

丽江古城是天人合一、自然与人文和谐，古朴而不失昌盛、宁静而不失繁荣、精巧而不失粗犷的特色风貌，历经无数世态沧桑而其建筑风貌民族文化世代传承的独特景观遗产地。

丽江古城有其特有的地域环境和与地域环境相协调的、独特的遗产景观和遗产景观文化，遗产景观文化在世界范围内的唯一性、稀罕性和独特性，形成了丽江古城极具吸引力的世界级旅游地。

丽江古城建筑群遗产景观文化的独一无二、无可替代、不可再生性，不仅使丽江古城遗产具有极高科学研究功能、社会教育功能、经济功能、文化传承功能，也使丽江古城具有极高的旅游功能。

丽江古城世界遗产旅游功能的发挥，同时也带来了丽江古城景观文化保护的诸多问题，甚至是亟待解决的问题。对这些问题深入研究，有利于遗产保护和旅游效应的双赢，以及丽江古城的可持续发展。

参考文献

［1］丽江纳西族自治县县志编委会办公室（翻印）．丽江纳西族自治县史志丛书．丽江府志略．1991.
［2］丽江纳西族自治县志编纂委员会．丽江纳西族自治县志［M］．昆明：云南人民出版社，2001.
［3］政协丽江古城区委员会．丽江文史资料全集［M］．昆明：云南民族出版社，2012.
［4］杨世瑜，王树芬．三江并流带旅游地质资源开发与环境保护［M］．昆明：云南民族出版社，2003.
［5］杨世瑜，横空出世——三江并流带地质奇观［M］．昆明：云南民族出版社，2003.
［6］杨世瑜．献策金山——基于资源环境的丽江古城金山发展策略［M］．昆明：云南科技出版社，2011.
［7］李伟，杨世瑜．旅游地质文化论纲［M］．北京：冶金工业出版社，2008.
［8］李伟，杨世瑜．滇西北旅游地质文化［M］．北京：冶金工业出版社，2008.
［9］李群育．新编丽江风物志［M］．昆明：云南人民出版社，2000.
［10］和仕勇．丽江金沙江岩画图册［M］．昆明：云南出版集团公司云南人民出版社，2011.
［11］杨林军．丽江历代碑刻辑录与研究［M］．昆明：云南民族出版社，2011.
［12］李霖灿．神游玉龙山［M］．昆明：云南人民出版社，1994.
［13］云南省地质矿产局．云南省区域地质志［M］．北京：地质出版社，1990.
［14］云南省地矿局．1：200000 区域地质调查报告［D］．丽江幅，1977.
［15］中国人民解放军 00939 部队．1：200000 区域水文地质普查报告［D］．丽江幅，1979.
［16］国家地震局地质研究所，云南省地震局．滇西北地区活动断裂［M］．北京：地震出版社，1990.
［17］云南省地震局，滇西地震预报实验场．一九九六年丽江地震［M］．北京：地质出版社，1998.
［18］《地震研究》编辑部．1996 年 2 月 3 日云南丽江 7.0 级地震论文集［M］．昆明：云南人民出版社，1997.
［19］云南省发展计划委员会，云南省国土厅．云南国土资源遥感综合调查［M］．昆明：云南科技出版社，2004.
［20］杨世瑜，吴志亮．旅游地质学［M］．天津：南开大学出版社，2006.
［21］杨世瑜，庞淑英，李云霞．旅游景观学［M］．天津：南开大学出版社，2008.
［22］杨世瑜，李波，袁希平，等．云南旅游地质［M］．北京：冶金工业出版社，2014.
［23］杨世瑜，李波．旅游地质概论［M］．天津：南开大学出版社，2015.
［24］杨世瑜，李波．旅游地质学［M］．天津：南开大学出版社，2015.
［25］杨世瑜，洪钟，洪海龙，等．丽江金山白族文化概要［M］．昆明：云南科技出版社，2015.
［26］杨世瑜，李波．旅游地质文化概论［M］．北京：冶金工业出版社，2017.
［27］杨世瑜，云南特色旅游地质景观［M］．昆明：云南科技出版社，2017.

后　记

以丽江古城、三江并流、东巴文化三大世界遗产文化为根基的丽江遗产旅游地，丰富多彩的旅游文化滋润着丽江旅游。丽江旅游正深层次地发掘地域标志性的人文与自然、天地人合一的旅游文化，正不断地向高层次旅游文化拓展，塑造高品级旅游品牌。

丽江大地的生态地质环境造就了秀美的丽江地景，也孕育了丽江人、丽江文化的绚丽篇章。《丽江地景·丽江旅游地质文化》一书展现了江-山-盆层圈怀抱中丽江古城；使江河易道的长江第一湾；气势恢宏磅礴奔流的虎跳峡；雄踞横断山脉的玉龙雪山；浑厚雄伟的老君山黎明高原丹霞；精巧布局的奇异景观，蕴藏了深厚的丽江地景旅游文化。

旅游地的地景是地域性的，旅游地的地质文化是共通的，旅游文化是大众的、共有的。本书的纪实-释义-扩展阅读的文体结构探索尝试，意在发掘和展示丽江旅游地质文化，提供丽江旅游与周边旅游、与异地旅游文化类比、融合、交流的信息，有助于提升旅游地质文化的社会化层次。

本书汇集了作者对丽江旅游地质文化不断领悟赏析资料的积累。在此付梓之际，诚挚地感谢与作者共同探索过丽江旅游地质的同事朋友，感谢杨双金提供了丽江地景的部分照片，并清绘了插图，感谢同事、亲友对本书编著的支持和帮助。

2018 年 1 月